A CORRIDA PARA O SÉCULO XXI

Nicolau Sevcenko

A corrida para o século XXI:
No loop da montanha-russa

Coordenação: Laura de Mello e Souza
Lilia Moritz Schwarcz

15ª reimpressão

Copyright © 2001 by Nicolau Sevcenko

*Grafia atualizada segundo o Acordo Ortográfico da
Língua Portuguesa de 1990, que entrou em vigor no Brasil em 2009.*

Projeto gráfico e capa:
Angelo Venosa

Ilustração da capa:
*Detalhe do sequenciamento genético
da bactéria* Xylella fastidiosa *(amarelinho),
realizado por cientistas da USP com apoio da Fapesp*

Pesquisa iconográfica:
Cristina Carletti

Preparação:
Eliane de Abreu Maturano Santoro

Revisão:
*Ana Maria Barbosa
Ana Maria Alvarez*

Dados Internacionais de Catalogação na Publicação (CIP)
(Câmara Brasileira do Livro, SP, Brasil)

Sevcenko, Nicolau
A corrida para o século XXI : no loop da montanha-russa/
Nicolau Sevcenko ; coordenação Laura de Mello e Souza, Lilia
Moritz Schwarcz. — 1ª ed. — São Paulo : Companhia das Letras,
2001. — (Virando séculos; 7)

ISBN 978-85-359-0092-7

1. Brasil – História – Século 20 2. Civilização Moderna –
Século 20 3. Século 21 I. Souza, Laura de Mello e II. Schwarcz, Lilia
Moritz. III. Título IV. Série

01-0352   CDD-909.82

Índice para catálogo sistemático:
1. Civilização contemporânea : História   909.82

Todos os direitos desta edição reservados à
EDITORA SCHWARCZ S.A.
Rua Bandeira Paulista, 702, cj. 32
04532-002 — São Paulo — SP
Telefone: (11) 3707-3500
www.companhiadasletras.com.br
www.blogdacompanhia.com.br
facebook.com/companhiadasletras
instagram.com/companhiadasletras
twitter.com/cialetras

Vai com este livro uma homenagem ao Dinwiddie Coloured Quartet, o primeiro grupo que, há exatos cem anos, gravou o primeiro disco de música autenticamente negra, abrindo o caminho para uma mudança decisiva da sensibilidade no século que passou e prenunciando o *sonic boom* do XXI.

Eles tiveram e têm esse poder de se conectar com todas as manifestações da vida, que o nosso mundo moderno perdeu; como visão de mundo, como visão de si mesmos, como a filosofia prática que dominava suas sociedades e como uma arte suprema dentre todas as artes. O que o mundo perdeu ele deve recuperar para que não desapareça para sempre. Não restam muitos anos para se resgatar o ingrediente perdido.

John Collier, "The American Indian and the Long Hope", 1947
Citado por Joseph Epes Brown, *The Spiritual Legacy of the American Indian*, New York, The Crossroad Publishing Co., 1995, p. 129.

As portas são inumeráveis, a saída é uma só, mas as possibilidades de saída são tão numerosas quanto as portas.

Franz Kafka, *Parábolas e Fragmentos*, tradução de Geir Campos, Rio de Janeiro, Edições de Ouro, s/d, p. 126.

Sumário

	Introdução	*11*
	Emoções na montanha-russa	*11*
	A corrida do século XX	*14*
	A síndrome do loop e a crítica	*17*
I	Aceleração tecnológica, mudanças econômicas e desequilíbrios	*23*
	A Segunda Guerra como marco divisor	*23*
	A era da globalização	*26*
	A desmontagem do Estado de bem-estar social	*30*
	Capitalismo sem trabalhadores, sem Estado e sem impostos	*32*
	O Adão e a Eva da ordem neoliberal	*35*
	O presentismo e o imperativo da responsabilidade	*42*
	O retorno do colonialismo: a desigualdade se aprofunda	*49*
	O FMI, o Banco Mundial e o Terceiro Mundo	*52*
	Crítica, luta humanitária e ação em escala global	*55*
II	Máquinas, massas, percepções e mentes	*59*
	Mudanças tecnológicas e transfiguração do cotidiano: tempos modernos	*59*
	Dos olhos às mentes: designers do século XX	*63*
	A indústria do entretenimento e a sociedade do espetáculo	*73*
	Da ditadura publicitária à pop art	*83*
	A Revolução Microeletrônica e o Motim de Tompkins Square	*89*
III	Meio ambiente, corpos e comunidades	*95*
	O assalto à natureza	*95*
	O princípio da precaução	*100*
	A engenharia genética e o pesadelo da eugenia	*104*
	Esportes, corpos e máquinas	*106*
	Da *Sagração da primavera* à consagração da música negra	*109*
	Sonic boom e tecnopaganismo	*114*
	O teatro-dança e a revolta sensual	*119*
	Imagolatria: a engenharia do imaginário social	*123*

O declínio das cidades e a espetacular
ascensão dos museus — *126*
A ética e a estética das ruas do século XXI — *129*

Notas — *133*

Procedência das ilustrações — *137*

INTRODUÇÃO

Emoções na montanha-russa

Uma das sensações mais intensas e perturbadoras que se pode experimentar, neste nosso mundo atual, é um passeio na montanha-russa. Só não é nem um pouco recomendável para quem tenha problemas com os nervos ou o coração, nem para aqueles com o

1. Cena de "This is cinerama!", de 1952, o primeiro filme a usar o sistema combinado de projeção panorâmica e som estereofônico.

sistema digestivo sensível. A própria decisão de entrar na brincadeira já requer alguma coragem, a gente sabe que a emoção pode ser forte até demais e que podem decorrer consequências imprevisíveis. Entra quem quer ou quem se atreve, mas sabe-se também que muita gente entra forçada por amigos e pessoas queridas, meio que contra a vontade, pressionada pela vergonha de manifestar sentimentos de prudência ou o puro medo. Mas, uma vez que se entra, que se aperta a trava de segurança e a geringonça se põe em movimento, a situação se torna irremediável. Bate um frio na barriga, o corpo endurece, as mãos cravam nas alças do banco, a respiração se torna cada vez mais difícil e forçada, o coração descompassa, um calor estranho arde no rosto e nas orelhas, ondas de arrepio descem do pescoço pela espinha abaixo.

A primeira fase até que é tranquila, a coisa se põe a subir num ritmo controlado, seguro, previsível. A gente vai se acostumando, o corpo começa a se distender, aos poucos está gostando, vai achando o máximo ver primeiro o parque, depois o bairro, depois a cidade toda de uma perspectiva superior, dominante, se estendendo ao infinito. Aquilo é ótimo, a gente se sente feliz como nunca, poderosa, sobrevoando olimpicamente a multidão de formiguinhas hiperativas se mexendo sem parar lá embaixo, presas em suas rotinas, ocupações e movimentos triviais. A subida continua sem parar, no mesmo ritmo consistente, assegurado, forte, descobrimos que o céu aberto é sem limites, bate uma euforia que nos faz rir descontroladamente, nunca havíamos imaginado como é fácil abraçar o mundo, estendemos os braços, estufamos o peito, esticamos o pescoço, fazemos bico com os lábios para beijar o céu e...

... e de repente o mundo desaba e leva a gente de cambulhada. É o terror mais total. Não se pode nem pensar em como fazer para sair dali porque o cérebro não reage mais. O pânico se incorpora a cada célula e extravasa por todos os poros da pele. Não é que não se consiga pensar, não se consegue sentir também. Nos transformamos numa massa energética em espasmo crítico, uma síndrome viva de vertigem e pavor, um torvelinho de torpor e crispação. É o caos, é o fim, é o nada. Até que chega o solavanco de uma nova subida, não mais precisa e reconfortante como a primeira, agora mais um tranco que atira a gente para diante e para trás, um safanão curto e grosso que ao menos dá a sensação de um baque de volta à realidade.

Tolo engano: novo mergulho fatal, desta vez oscilando para a direita e a esquerda, como se a gente fosse entrar em parafuso. O corpo se esmaga contra a barra de segurança, que a essa altura parece vergar como um galhinho verde e frágil, o mundo ao redor se precipita em avalanche contra nós, se vingando do olhar arrogante com que ainda há pouco havia sido menosprezado. Suor frio, completo descontrole sobre as secreções e os fluxos hormonais, lágrimas espontâneas, baba viscosa que começa a espumar nos cantos da boca, os olhos saltam das órbitas, todos os pelos do corpo de pé, espetados como agulhas.

Mais um tranco seco e uma subida aos solavancos. Nem um instante e já mergulhamos no precipício outra vez. Agora o carro chacoalha para os lados e arremete em curvas impossíveis, é total a certeza de que aquilo vai voar dos trilhos, catapultado pelo espaço até se arrebentar longe dali. Outro baque de subida, nem o tempo de piscar e a queda livre que enche as vísceras de vácuo e faz o coração saltar pela boca. E agora, meu Deus, o loop...! Aaaaaaaahhhhhhhh.......!!!!! Rodamos no vazio como um ioiô cósmico, um brinquedo fútil dos elementos, um grão de areia engolfado na potência geológica de um maremoto. Nada mais nos assusta. Ao chegar ao fim, desfigurados, descompostos, estupefatos, já assimilamos a lição da montanha-russa: compreendemos o que significa estar exposto às forças naturais e históricas agenciadas pelas tecnologias modernas. Aprendemos os riscos implicados tanto em se arrogar o controle dessas forças quanto em se

2. "É COMO UMA CORRIDA DE MONTANHA-RUSSA PARA O ESPÍRITO."

PÔSTER DE 1978 DO ARTISTA FRANCÊS FOLON PARA O THE NEW SCIENCE MUSEUM OF MINNESOTA.

deixar levar de modo apatetado e conformista por elas. O que não nos impede de suspeitar das intenções de quem inventou essa traquitana diabólica.

A corrida do século XX

Essa imagem da montanha-russa, com todos os exageros que ela comporta, presta-se bem para indicar algumas das tendências mais marcantes do nosso tempo. Para isso dividamos a experiência descrita acima em três partes. A primeira é a da ascensão contínua, metódica e persistente que, na medida mesma em que nos eleva, assegura nossas expectativas mais otimistas, nos enche de orgulho pela proeminência que atingimos e de menoscabo pelos nossos semelhantes, que vão se apequenando na exata proporção em que nos agigantamos. Essa fase pode nos representar o período que vai, mais ou menos, do século XVI até meados do XIX, quando as elites da Europa Ocidental entraram numa fase de desenvolvimento tecnológico que lhes asseguraria o domínio de poderosas forças naturais, de fontes de energia cada vez mais potentes, de novos meios de transporte e comunicação, de armamentos e conhecimentos especializados.

Essa situação privilegiada haveria de lhes garantir a conquista de enormes dimensões do globo terrestre, de suas populações e recursos, permitindo-lhes impor uma hegemonia apoiada na ideia de uma vocação inata da civilização europeia para o saber, o poder e a acumulação de riquezas. No século XIX essa convicção otimista seria expressa pela fórmula "ordem e progresso", significando que a difusão e a assimilação paulatina e sistemática dos valores da cultura europeia conduziriam o mundo a um futuro de abundância, racionalidade e harmonia.

A segunda é a fase em que num repente nos precipitamos numa queda vertiginosa, perdendo as referências do espaço, das circunstâncias que nos cercam e até o controle das faculdades conscientes. Poderíamos interpretar essa situação como um novo salto naquele processo de desenvolvimento tecnológico, em que a incorporação e a aplicação de novas teorias científicas propiciaram o domínio e a exploração de novos potenciais energéticos de escala prodigiosa. Isso ocorreu ao redor de 1870, com a chamada Revolução Científico-Tecnológica, no curso da qual se desenvolveram as aplicações da eletricidade, com as primeiras usinas hidro e termelétricas, o uso dos derivados de petróleo, que daria origem aos motores de combustão interna e, portanto, aos veículos automotores; o surgimento das indústrias químicas, de novas técnicas de prospecção mineral, dos altos-fornos, das fundições, das usinas siderúrgicas e dos primeiros materiais plásticos. No mesmo impulso foram desenvolvidos novos meios de transporte, como os transatlânticos, os carros, caminhões, motocicletas, os trens expressos e os aviões, além de novos meios de comunicação, como o telégrafo com e sem fio, o rádio, os gramofones, a fotografia, o cinema. Nunca é demais lembrar que esse foi o momento no qual surgiram os parques de diversões e sua mais espetacular atração, a montanha-russa, é claro.

Na passagem para o século XX, portanto, o mundo já era praticamente tal como o conhecemos. O otimismo, a expansão das conquistas europeias e a confiança no progresso pareciam ter atingido o seu ponto mais alto. E então, num repente inesperado, veio o mergulho no vácuo, o espasmo caótico e destrutivo, o horror engolfou a história: a irrupção da Grande Guerra descortinou um cenário que ninguém jamais previra. Graças aos novos recursos tecnológicos produziu-se um efeito de destruição em massa; nunca tantos morreram tão rápido e tão atrozmente em tão pouco tempo. Essa escala destrutiva inédita só seria superada por seu desdobramento histórico, a Segunda Guerra Mundial, cujo clímax foram os bombardeios aéreos de varredura e a bomba atômica. Após a guerra houve uma retomada do desenvolvimento científico e tecnológico, mas já era patente para todos que ele transcorria à sombra da Guerra Fria, da corrida armamentista, dos conflitos localizados nas periferias do mundo desenvolvido, dos golpes e das ditaduras militares no chamado Terceiro Mundo. Quaisquer que fossem os avanços, o que prevalecia era a sensação de um apocalipse iminente.

A terceira fase na nossa imagem da montanha-russa é a do loop, a síncope final e definitiva, o clímax da aceleração precipitada, sob cuja intensidade extrema relaxamos nosso impulso de reagir, entregando os pontos, entorpecidos, aceitando resignadamente ser conduzidos até o fim pelo maquinismo titânico. Essa etapa representaria o atual período, assinalado por um novo surto dramático de transformações, a Revolução da Microeletrônica. A escala das mudanças desencadeadas a partir desse momento é de uma tal magnitude que faz os dois momentos anteriores parecerem projeções em câmara lenta.

A aceleração das inovações tecnológicas se dá agora numa escala multiplicativa, uma autêntica reação em cadeia, de modo que em curtos intervalos de tempo o conjunto do aparato tecnológico vigente passa por saltos qualitativos em que a ampliação, a condensação e a miniaturização de seus potenciais reconfiguram completamente o universo de possibilidades e expectativas, tornando-o cada vez mais imprevisível, irresistível e incompreensível. Sendo assim, sentindo-nos incapazes de prever, resistir ou entender o rumo que as coisas tomam, tendemos a adotar a tradicional estratégia de relaxar e gozar. Deixamos para pensar nos prejuízos depois, quando pudermos. Mas o problema é exatamente esse: no ritmo em que as mudanças ocorrem, provavelmente nunca teremos tempo para parar e refletir, nem mesmo para reconhecer o momento em que já for tarde demais.

A síndrome do loop e a crítica

A intenção deste texto é tentar contribuir para que isso não ocorra, ou seja, para que, aturdidos por esse efeito desorientador de aceleração extrema, não nos sintamos dispostos a ceder, desistir e nos conformar com o que der e vier. Chamemos esse efeito perverso pelo qual a precipitação das transformações tecnológicas tende a nos submeter a uma anuência passiva, cega e irrefletida, de síndrome do loop. Se assim for, digamos que este livro tenta elaborar um programa preventivo a essa perversão típica da passagem do século XX para o XXI. É fato que não se pode prever o curso e o ritmo das inovações tecnológicas, mas a conclusão seguinte — de que também não podemos resistir a elas ou compreendê-las — não é verdadeira. Podem-se fazer muitas coisas com a técnica, e graças ao seu incremento é possível fazer cada vez mais. Mas uma coisa que a técnica não pode fazer é abolir a crítica, pela simples razão de que precisa dela para descortinar novos horizontes. Os sistemas políticos que tentaram banir a crítica morreram, sintomaticamente, por obsolescência tecnológica.

A crítica, portanto, é a contrapartida cultural diante da técnica, é o modo de a sociedade dialogar com as inovações, ponderando sobre

3. Protesto diante da sede da companhia petrolífera Suncor, em Calgary, Canadá, durante o Congresso Mundial de Petróleo, em junho de 2000. Nos traseiros dos manifestantes se lê a expressão ambígua "Windpower now".

seu impacto, avaliando seus efeitos e perscrutando seus desdobramentos. A técnica, nesse sentido, é socialmente consequente quando dialoga com a crítica. O problema, assim, não é nem a técnica e nem a crítica, mas a síndrome do loop, que emudece a voz da crítica, tornando a técnica surda à sociedade. Com isso perdem ambas. Como já falamos um pouco da técnica, vamos considerar o caso da crítica, que é também dos mais interessantes.

A palavra "crítica" deriva do verbo grego *krínein*, que significa "decidir". Seu equivalente em latim é *cernere*, que, além de "decidir", significa também, como é fácil perceber, "discernir". Outras derivações gregas da palavra são: *krités*, que significa "juiz"; *kritikós* (que por sua vez deriva de *krités*), que se refere à pessoa capaz de elaborar juízos ou proceder a julgamentos, concluindo por uma decisão, ou seja, por uma avaliação judiciosa destinada a orientar as ações que dada comunidade deve empreender; outra óbvia derivação do mesmo termo grego é *kritérion*, que são os fundamentos relativos aos valores mais elevados de uma sociedade, em nome e em função dos quais os juízos e as críticas são feitos, os julgamentos são conduzidos e as decisões são tomadas. Daí se conclui que uma comunidade que perca sua capacidade crítica perde junto sua identidade, vê dissolver-se sua substância espiritual e extraviar-se seu destino. Curiosamente, outra das derivações da palavra grega em questão é *krísis*, significando o vácuo desorientador que se estabelece quando os critérios que orientam os juízos, por alguma calamidade histórica, política ou natural, se veem suspensos, abolidos ou anulados.

Neste momento tumultuoso, em que a celeridade das mudanças vem sufocando a reflexão e o diálogo, mais que nunca é imperativo investir nas funções judiciosas, corretivas e orientadoras da crítica. Para isso é necessário adotar uma estratégia baseada em três movimentos distintos. O primeiro consiste em conseguirmos desprender-nos do ritmo acelerado das mudanças atuais, a fim de obter uma posição de distanciamento a partir da qual possamos articular um discernimento crítico que nunca conseguiríamos estabelecer se nos mantivéssemos colados às vicissitudes das próprias transformações. O segundo requer que recuperemos o tempo da própria sociedade, ou seja, o tempo histórico, aquele que nos fornece o contexto no interior do qual podemos avaliar a escala, a natureza, a dinâmica e os efeitos das mudanças em curso, bem como quem são seus beneficiários e a quem elas prejudicam. O terceiro movimento seria, então, o de sondar o futuro a partir da crítica em perspectiva histórica, ponderando como a técnica pode ser posta a serviço de valores humanos, beneficiando o maior número de pessoas.

Essa reflexão em três tempos não deve se limitar aos interesses das sociedades e das gerações atuais, mas levar em conta a sobrevivência

4. A CRISE MUNDIAL DE 1941, REPRESENTADA POR UM SIMBOLISMO SINISTRO PELO CARICATURISTA ALEMÃO T. HEINE.

e a qualidade de vida também das gerações futuras — considerando, portanto, valores de longa duração como participação democrática nas discussões e decisões que dizem respeito a todos, distribuição equitativa dos recursos e oportunidades gerados pelas transformações tecnológicas, luta contra todas as formas de injustiça, violência e discriminação, e preservação dos recursos naturais. Esses são os critérios para que se possa julgar criticamente o presente, com sentido histórico e senso de responsabilidade em relação ao futuro. Se a síndrome do loop abole a percepção do tempo, para enfrentá-la é preciso desdobrá-lo nos seus três âmbitos: presente, passado e futuro.

Há uma última questão a considerar, particularmente relevante. O surto vertiginoso das transformações tecnológicas não apenas abole a percepção do tempo: ele também obscurece as referências do espaço. Foi esse o efeito que levou os técnicos a formular o conceito de globalização, implicando que, pela densa conectividade de toda a rede de comunicações e informações envolvendo o conjunto do planeta, tudo se tornou uma coisa só. Algo assim como um único e gigantesco palco onde os mesmos atores desempenham os mesmos papéis na única peça em que se resume todo o show. Assistindo a esse espetáculo a partir da nossa perspectiva brasileira — entretanto, com algum senso crítico —, podemos concluir que ou a peça é uma comédia tão maluca que não dá para rir, ou é um drama em que nos deram o papel mais ingrato. Porque o fato é que as mudanças tecnológicas, embora causem vários desequilíbrios nas sociedades mais desenvolvidas que as encabeçam, também canalizam para elas os maiores benefícios. As demais são arrastadas de roldão nessa torrente, ao custo da desestabilização de suas estruturas e instituições, da exploração predatória de seus recursos naturais e do aprofundamento drástico de suas já graves desigualdades e injustiças.

O lado mais perverso da história, portanto, é que, para um grande número de pessoas naquelas sociedades e para uma porção significativa de seus sócios e aliados nestas, a síndrome do loop cai como uma bênção divina, pois lhes garante toda a excitação da correria livrando-os, ao mesmo tempo, da responsabilidade de conjeturar sobre as consequências atuais e futuras desencadeadas por esse paradoxal trem da alegria. Como foi do lado de lá que ele foi inventado, é lá também que ficam os controles e o pessoal que o administra. Nós, do lado de cá, temos, portanto, as maiores e melhores razões para refletir criticamente sobre os descaminhos da técnica. Talvez com isso venhamos a lucrar todos, restituindo à sociedade a voz com que ela possa declarar os limites da técnica.

5. O CARIOCA LEÔNIDAS DA SILVA (1913-1993), QUE NA COPA DO MUNDO DE 1938 FOI CELEBRIZADO PELOS FRANCESES COMO O DIAMANTE NEGRO, CRIOU A JOGADA CONHECIDA COMO "BICICLETA VOADORA". PELA PRIMEIRA VEZ NA HISTÓRIA DO FUTEBOL BRASILEIRO, A SELEÇÃO DESSE ANO NÃO SOFREU RESTRIÇÕES QUANTO À ESCALAÇÃO DE ATLETAS NEGROS.

A situação parece crítica, mas quiçá não seja tarde demais. Segure firme na trava da sua vagoneta e tente se concentrar. Afinal, uma das vantagens de se estar suspenso no loop é que o sangue desce à cabeça e isso é ótimo para pensar. Imagine que você é o Homem (ou a Mulher) Morcego, repousando e restaurando as energias pendurado no teto da caverna, pronto para lutar contra as injustiças em meio às trevas da noite. Ou que encontrou a luz numa sessão de ioga, meditando de ponta-cabeça. Ou que está prestes a marcar um gol preciso de bicicleta, estufando a rede do adversário e enchendo o coração da torcida de alegria porque, uma vez mais, um ser humano humilde e delicado como Leônidas conseguiu furar uma defesa reforçada por todas as vantagens do privilégio.

CAPÍTULO I
Aceleração tecnológica, mudanças econômicas e desequilíbrios

A Segunda Guerra como marco divisor

O que distinguiu particularmente o século XX, em comparação com qualquer outro período precedente, foi uma tendência contínua e acelerada de mudança tecnológica, com efeitos multiplicativos e revolucionários sobre praticamente todos os campos da experiência humana e em todos os âmbitos da vida no planeta. Esse surto de transformações constantes pode ser dividido em dois

1. **Vista da central nuclear de Cruas-Meysse, em Ardèche, na França.**
A PARTIR DA SEGUNDA METADE DO SÉCULO XX, O TEMPO ENTRE A DESCOBERTA CIENTÍFICA E SUA APLICAÇÃO INDUSTRIAL TEM SIDO PROGRESSIVAMENTE REDUZIDO: FORAM NECESSÁRIOS 56 ANOS PARA O TELEFONE E 3 ANOS PARA OS CIRCUITOS INTEGRADOS, POR EXEMPLO.

períodos básicos, intercalados pela irrupção e transcurso da Segunda Guerra Mundial. Na primeira dessas fases, prevaleceu um padrão industrial que representava o desdobramento das características introduzidas pela Revolução Científico-Tecnológica de fins do século XIX, conforme indicado na Introdução (página 11).[1] A segunda fase, iniciada após a guerra, foi marcada pela intensificação das mudanças — imprimindo à base tecnológica um impacto revelado sobretudo pelo crescimento dos setores de serviços, comunicações e informações —, o que a levou a ser caracterizada como período pós-industrial.

Para se ter uma ideia da amplitude e densidade dessas mudanças tecnológicas, consideremos alguns dados relativos ao século XX. Se somássemos todas as descobertas científicas, invenções e inovações técnicas realizadas pelos seres humanos desde as origens da nossa espécie até hoje, chegaríamos à espantosa conclusão de que mais de oitenta por cento de todas elas se deram nos últimos cem anos. Dessas, mais de dois terços ocorreram concentradamente após a Segunda Guerra. Verificaríamos também que cerca de setenta por cento de todos os cientistas, engenheiros, técnicos e pesquisadores produzidos pela espécie humana estão ainda vivos atualmente, ou seja, compõem o quadro das gerações nascidas depois da Primeira Guerra. A grande maioria deles, ademais, não apenas ainda vive, como continua contribuindo ativamente para a multiplicação e difusão do conhecimento e suas aplicações práticas. Essa situação transparece com clareza na taxa de crescimento dos conhecimentos técnicos, que desde o começo do século XX é de treze por cento ao ano. O que significa que ela dobra a cada cinco anos e meio. Alguns teóricos calculam que, em vista das novas possibilidades introduzidas pela revolução da microeletrônica, em inícios do século XXI essa taxa tenderá a ser da ordem de mais de quarenta por cento ao ano, chegando praticamente a dobrar a cada período de doze meses.[2]

CAPÍTULO I   Aceleração tecnológica, mudanças econômicas e desequilíbrios   25

Se o primeiro grande impulso para a transformação dos recursos produtivos foi a Revolução Científico-Tecnológica, o segundo surto foi catalisado pela corrida voltada para a produção e a sofisticação dos equipamentos desencadeadas pela Segunda Guerra Mundial. Para os dois lados beligerantes, era uma realidade patente que quem conseguisse superar o oponente na concorrência tecnológica contaria com uma vantagem decisiva. Foi nessas condições que se desenvolveram, por exemplo, os radares, a propulsão a jato, novas famílias de plásticos, polímeros e cadeias orgânicas, a energia nuclear e a cibernética.

Com o fim da guerra, os Estados Unidos se viram numa situação privilegiada, como a mais forte, coesa e próspera economia mundial. O governo americano coordenou um vasto plano de apoio para recuperar as economias capitalistas da Europa Ocidental, já no contexto da Guerra Fria, concorrendo com o recém-ampliado bloco dos países socialistas. As agitações revolucionárias na Ásia, África e América Latina forçariam desdobramentos dos investimentos americanos também para essas áreas. O dólar americano se tornou a moeda padrão para as relações no mercado internacional, a ele se atribuindo uma consistência e estabilidade que evitasse crises como as dos anos 20 e 30. Beneficiando-se da sua condição de liderança, os Estados Unidos patrocinariam tratados multilaterais, destinados a garantir a estabilidade dos mercados e a reduzir práticas protecionistas e barreiras alfandegárias, consolidando sua hegemonia.

O resultado desse conjunto de medidas foi um crescimento econômico sem precedentes das economias industriais. Entre 1953 e 1975 a taxa de produção industrial cresceu na escala extraordinária de seis por cento ao ano. O crescimento da riqueza foi de cerca de quatro por cento per capita em todo esse período. Mesmo com a crise do petróleo, que atingiu e abateu os mercados entre 1973 e 1980, o crescimento continuou, embora reduzido a cerca de dois e meio por cento ao ano, o que ainda era uma escala notável. Após os anos 90 a

PÔSTERES DE 1942 DE JOHN STEUART CURRY, DE UMA SÉRIE DESTINADA A REFORÇAR OS VALORES AMERICANOS PELA PROPAGANDA, LOGO APÓS A ENTRADA DOS ESTADOS UNIDOS NA SEGUNDA GUERRA:

2A. "ISTO É AMÉRICA... UMA NAÇÃO COM MAIS CASAS, MAIS CARROS, MAIS TELEFONES — MAIS CONFORTOS QUE QUALQUER NAÇÃO DA TERRA. ONDE TRABALHADORES LIVRES E A LIVRE-EMPRESA ESTÃO CONSTRUINDO UM MUNDO MELHOR PARA TODO O POVO. ESTA É A SUA AMÉRICA. MANTENHA-A LIVRE!"

2B. "ISTO É AMÉRICA... ONDE A FAMÍLIA É UMA INSTITUIÇÃO SAGRADA. ONDE OS FILHOS AMAM, HONRAM E RESPEITAM SEUS PAIS... ONDE A CASA DE UM HOMEM É O SEU CASTELO. ESTA É A SUA AMÉRICA. MANTENHA-A LIVRE!"

tendência ao crescimento foi retomada, mais sujeita agora às oscilações voláteis causadas pela introdução das tecnologias microeletrônicas no mercado internacional.

O mais significativo, porém, com relação a esse período de pós-guerra, foi a excepcional expansão do setor de serviços, que em alguns países desenvolvidos, como os Estados Unidos, chegou a gerar mais de setenta por cento do Produto Interno Bruto (PIB). Considerado esse conjunto de condições favoráveis, o resultado foi que a economia internacional cresceu mais desde 1945 do que em qualquer outro período histórico anterior. De fato, o PIB mundial chegou a quadruplicar entre 1950 e 1980, saltando de cerca de 2 trilhões para mais de 8 trilhões de dólares.[3]

A era da globalização

Nos anos 70, em meio às convulsões causadas pela crise do petróleo, uma série de medidas foi tomada para dar maior dinamismo ao mercado internacional. Os Estados Unidos decidiram abandonar o padrão-ouro como base do mecanismo de sustentação cambial, provocando um efeito de liberalização dos controles cambiais que logo se difundiu para as demais economias desenvolvidas. Essas medidas geraram novos fluxos de capital, que, vendo-se agora livres dos controles e restrições antes exercidos pelos Bancos Centrais, se voltaram para novas oportunidades de investimento no mercado mundial, superando assim os limites tradicionalmente representados pelas fronteiras nacionais. Os grandes beneficiados com essa nova situação foram os capitais financeiros — que poderiam agora especular livremente com as oscilações de valor entre as moedas fortes do mercado internacional — e as chamadas empresas transnacionais.

Essas empresas, que atuavam simultaneamente em diferentes áreas do mundo, existiam desde os fins do século XIX. Casos típicos delas são, por exemplo, as grandes casas bancárias, como os Rothschild, com sede em Londres, Viena, Frankfurt e Paris e negócios nos quatro cantos da Terra, e as companhias petrolíferas, prospectando petróleo onde quer que houvesse jazidas e revendendo seus produtos refinados por todos os quadrantes do planeta.

3. "Cabeças para cima! Rumo a 53. Aqui vem Oldsmobile!"

Propaganda do modelo 88, da primeira marca comercialmente bem-sucedida de automóveis americanos. O imaginário da propulsão a jato, até 1946 associada à tecnologia de guerra, já representa em 1953 o simbolismo da corrida espacial. Em 1957 a União Soviética lançaria o "Sputnik", e, no ano seguinte, os Estados Unidos revidam o feito lançando o "Júpiter-C".

Seu número, contudo, era ainda limitado, e elas só começariam a se multiplicar de fato com os investimentos da reconstrução europeia no pós-guerra e com as políticas de investimento típicas da Guerra Fria. Mas foi com as medidas de liberalização dos anos 70 que elas encontrariam o campo fértil e ideal para a sua difusão sistemática por todo o mundo. É daí que data o fenômeno que foi propriamente denominado "era da globalização".

Nesse novo contexto se produziu uma alteração drástica de todo o quadro da economia mundial. Por um lado, a possibilidade de multiplicar filiais de suas empresas nos mais diversos pontos do planeta proporcionou às grandes corporações um enorme poder de barganha, impondo aos governos interessados em receber seus investimentos e respectivos postos de trabalho um amplo cardápio de vantagens, favores, isenções e garantias que praticamente tornava os Estados e as sociedades reféns dos poderosos conglomerados multinacionais.

Por outro lado, se o efeito da liberalização dos fluxos financeiros permitiu a ampliação dos investimentos por todo o mundo, dinamizando o mercado, a produção e os serviços, ela também acabou provocando uma separação entre as práticas financeiras propriamente ditas e os empreendimentos econômicos. A especulação com moedas e títulos de diferentes naturezas, na esfera ampla do mercado globalizado, se tornou por si só um atrativo irresistível para os agentes financeiros. Nesse sentido, eles foram beneficiados não só pelas medidas de liberalização e desregulamentação dos mercados, mas também pelas conquistas das novas tecnologias microeletrônicas.

A multiplicação, num curtíssimo intervalo, de redes de computadores, comunicações por satélite, cabos de fibras ópticas e mecanismos eletrônicos de transferência de dados e informações em alta velocidade desencadeou uma revolução nas comunicações, permitindo uma atividade especulativa sem precedentes. A rapidez dos

4. "A morte do dinheiro. Como a economia eletrônica desestabilizou o mundo e os mercados e criou caos financeiro."

Capa do livro de Joel Kurtzman, de 1994, um dos primeiros autores a retratar a economia globalizada: a magnitude crescente dos fluxos de capitais — e a decrescente efetividade das políticas econômicas nacionais — conduzidos através do espaço cibernético, por uma rede que reage e interage em um contexto virtual, em que o dinheiro se torna obsoleto.

fluxos nessa rede mundial tornou o papel-moeda praticamente obsoleto, estimulando fluxos contínuos de transações eletrônicas, que passaram a atuar 24 horas, acompanhando o ciclo dos fusos horários, de modo a operar num período com os mercados do Oriente — Tóquio, Hong Kong, Cingapura —, depois com a Europa — Londres, Zurique e Frankfurt — e logo após com a América — Nova York, Chicago, Toronto —, reiniciando na sequência com o Oriente e assim por diante, *non-stop*.

Cada fração de segundo em que uma informação nova possa ser traduzida pelo simples toque de uma tecla eletrônica transfere volumes fabulosos de recursos de uma parte do mundo para outra e de milhares de fontes para as contas de um pequeno punhado de agentes privilegiados. O montante dessas transações eletrônicas do mercado financeiro mundial ultrapassa 1 trilhão de dólares

30 CAPÍTULO I Aceleração tecnológica, mudanças econômicas e desequilíbrios

por dia. Cerca de noventa por cento desse total nada tem a ver com investimentos reais em produção, comércio ou serviços, se concentrando no puro jogo especulativo.[4]

A desmontagem do Estado de bem-estar social

Essa mudança dramática na base tecnológica e na organização dos negócios, em escala planetária, ocorreu no entanto, dada sua rapidez e alcance, de um modo que se esquivou a quaisquer controles, fiscalizações, debates ou avaliações. Suas fases, operações, rumos ou consequências não foram discutidos em quaisquer foros internacionais, nem sequer pelos governos e pelas sociedades diretamente afetados por ela. Nem essa transformação foi condicionada por qualquer mudança nas leis ou regras básicas que regem os sistemas econômicos ou deu ensejo a que novas normas fossem criadas com o fim de responder aos seus efeitos. Tudo se passou como se os órgãos políticos ou as instâncias decisórias existentes em nada contassem.

Esse processo revela que as grandes corporações ganharam um poder de ação que tende a prevalecer sobre os sistemas políticos, os parlamentos, os tribunais e a opinião pública. O quadro institucional que definiu a estrutura das sociedades democráticas modernas, baseadas na divisão entre os três poderes, mais a ação vigilante da opinião pública, informada em especial pela atividade fiscalizatória da imprensa livre, já não dá conta de controlar um poder econômico que escapa aos seus limites institucionais históricos.

Pode-se dizer que, desde a Revolução Científico-Tecnológica até aos anos 70, a tendência histórica foi que os Estados nacionais controlassem a economia e as grandes corporações, impondo-lhes um sistema de taxação pelo qual transferiam parte dos seus lucros para setores carentes da sociedade, organizando assim uma redistribuição de recursos na forma de serviços de saúde, educação,

CAPÍTULO I Aceleração tecnológica, mudanças econômicas e desequilíbrios 31

moradia, infraestrutura, seguro social, lazer e cultura, o que caracterizou a fórmula mais equilibrada de prática democrática, chamada "Estado de bem-estar social". No mesmo sentido as organizações operárias, os sindicatos e as associações da sociedade civil atuavam tanto para pressionar as corporações a reconhecer os direitos e assegurar as garantias conquistadas pelos trabalhadores, como para pressionar o Estado a exercer seu papel de proteção social, amparo às populações carentes, redistribuição de oportunidades e recursos, contenção dos monopólios e contrapeso ao poder econômico. Assim, sociedade e Estado se tornaram aliados no exercício de controle das corporações e numa partilha mais equilibrada dos benefícios da prosperidade industrial.

Com a globalização, porém, essa situação mudou por completo. As grandes empresas adquiriram um tal poder de mobilidade, redução de mão de obra e capacidade de negociação — podendo deslocar suas plantas para qualquer lugar onde paguem os menores salários, os menores impostos e recebam os maiores incentivos —, que tanto a sociedade como o Estado se tornaram seus reféns. O tripé que sustentava a sociedade democrática moderna foi quebrado.

A situação se reconfigurou assim: se não se anularem as garantias sociais e o poder de pressão dos sindicatos e associações civis, os quais insistem em defender salários, direitos contratuais, condições de trabalho e cautelas ecológicas, a alternativa será a evasão pura e simples das empresas, o desemprego e o consequente colapso de um Estado sobrecarregado, incapaz tanto de pagar suas dívidas como de atender às demandas sociais. As grandes empresas podem desse modo obrigar o Estado a atuar contra a sociedade, submetendo ambos, Estado e sociedade, aos seus interesses e ao seu exclusivo benefício.

A excepcional capacidade de mobilidade, de instalações, recursos, pessoal, informações e transações é tal, que uma mesma empresa pode ter sua sede administrativa onde os impostos são menores, as unidades de produção onde os salários são os mais baixos, os capitais onde os juros são os mais altos e seus executivos vivendo onde a qualidade de vida é mais elevada. Em todos esses casos, as sociedades e os Estados por onde se distribuem essas diferentes dimensões da empresa saem sempre perdendo. É um jogo desigual, cuja dinâmica só tende a multiplicar desemprego, destituição, desigualdade e injustiça. A tradução prática dessa receita é o aumento da marginalidade, da violência, o declínio do espaço público e da convivência democrática.[5]

Capitalismo sem trabalhadores, sem Estado e sem impostos

O professor Ulrich Beck, da Universidade Ludwig-Maxmilian, de Munique, caracteriza a nova situação da seguinte forma:

> Os homens de negócio descobriram o mapa do tesouro. A nova fórmula mágica é: capitalismo *sem trabalhadores* mais capitalismo *sem impostos*. Entre 1989 e 1993, os impostos coletados sobre os lucros das grandes empresas caíram cerca de 18,6 por cento e reduziram-se a cerca de metade do total da renda fiscal dos Estados [grifos do original].

Seu colega André Gorz formula um quadro ainda mais completo e detalhado da nova situação:

> O sistema de seguro social tem de ser reorganizado e assentado sobre novas bases. Mas devemos também nos perguntar por que é que parece ter se tornado impossível financiar essa reconstrução. Nos últimos vinte anos, os países da União Europeia se tornaram entre cinquenta e setenta por cento mais ricos. A economia cresceu muito mais rápido do que a população. Ainda assim, a União Europeia tem agora 20 milhões de desempregados, 50 milhões

CAPÍTULO I **Aceleração tecnológica, mudanças econômicas e desequilíbrios** 33

de pessoas vivendo abaixo da linha de pobreza e 5 milhões de sem-teto vivendo nas ruas. O que aconteceu então com aquele excedente de riqueza obtido nesse período? Comparando com os Estados Unidos, nós sabemos que lá o crescimento econômico enriqueceu apenas os dez por cento da população que estão no topo da lista da riqueza. Esses dez por cento se apropriaram de 96 por cento de toda a riqueza adicional gerada no período. As coisas não estão tão mal assim na Europa, mas também não estão muito melhores.

5. **Estação Mabillon do metrô de Paris.**

Os cortes nos programas de habitação popular e nos benefícios sociais, somados ao desemprego, vitimam milhares de europeus, maculando a imagem das cidades mais prósperas do mundo.

André Gorz continua:

Na Alemanha, desde 1979, o lucro das empresas subiu cerca de noventa por cento, mas os salários apenas seis por cento. Por outro lado, o montante obtido com o imposto de renda dobrou nos últimos dez anos, ao passo que a quantia obtida com o imposto sobre o lucro das empresas caiu pela metade. O imposto sobre as empresas contribui atualmente com meros treze por cento para o total das rendas do Estado, tendo caído em cerca de 25 por cento do que representava em 1980 e em 35 por cento do que foi a sua parcela em 1960. Se ele tivesse permanecido nessa base de 25 por cento, o Estado teria arrecadado um montante adicional de 86 bilhões de marcos por ano nas duas últimas décadas. Situações como essa têm se repetido de forma semelhante em outros países. A maior parte das corporações transnacionais, como a Siemens e a BMW, não paga mais taxa alguma em seus países de origem. A menos que as coisas mudem nesse quadro [...], as pessoas, com toda a razão, não vão mais aceitar cortes nos seus serviços sociais, nas suas pensões e nos seus salários.[6]

Se essa transformação drástica ocorreu, como dissemos, sem provocar grandes debates parlamentares, alterações na legislação ou mudanças institucionais, isso não quer dizer que passou despercebida ou que se impôs sem um discurso político que a legitimasse. Ao contrário, ela assinalou um abalo decisivo que mudou os rumos das plataformas políticas no terço final do século XX. Seu impacto provocou uma mudança profunda nos quadros de valores, dando um viço novo a posições que foram típicas do liberalismo conservador do século anterior. Nos inícios da economia industrial, as teorias de Malthus instilaram pânico na elite burguesa, alertando que a tendência à multiplicação em escala geométrica da população operária, enquanto a produção agrícola crescia apenas em escala aritmética, levaria a uma inevitável convulsão social. Em vista dessa ameaça dramática, as classes empresariais passaram a considerar especialmen-

CAPÍTULO I Aceleração tecnológica, mudanças econômicas e desequilíbrios 35

te benéficos os baixos salários, as condições insalubres das fábricas, a desnutrição generalizada e as doenças que dizimavam o operariado, eliminando assim, ao mesmo tempo, o risco de revolução.

A evolução do quadro econômico ao longo do século XIX, com sucessivos saltos na produção agrícola ocorrendo em paralelo à industrialização nas cidades, desmentiu as teorias de Malthus. A revolução, entretanto, haveria de ocorrer, mas por outras causas, de natureza social e política, com a ascensão de partidos comunistas e socialistas tanto nos países ricos como em áreas periféricas aos centros capitalistas, sobretudo a partir da Revolução Russa de 1917. Diante desse fato — que representava uma ameaça concreta às suas posições e privilégios — é que as camadas dominantes se dispuseram a negociar com os trabalhadores o conjunto de direitos e garantias que haveria de constituir o Estado de bem-estar social. A polaridade que no entanto se estabeleceu entre os regimes comunistas e os capitalistas, especialmente depois da Segunda Guerra Mundial, ensejaria uma situação de confronto latente e um duelo de propaganda entre os dois blocos em que se dividiu o mundo: a Guerra Fria.

O Adão e a Eva da ordem neoliberal

Essa situação de polarização forçou uma corrida armamentista e tecnológica entre os mundos capitalista e comunista e no limite levou ao esgotamento do bloco soviético, cuja rigidez centralista, acentuada pela corrupção crescente e pela intolerância repressiva da máquina partidária, acabaria por tornar seus quadros dirigentes imensamente impopulares. Esse declínio dos regimes comunistas se deu em paralelo à ascensão de dois líderes que avocaram para si os méritos da "vitória do capitalismo". Os novos personagens foram o presidente Ronald Reagan, dos Estados Unidos, e a primeira-ministra Margaret Thatcher, da Grã-Bretanha.

6. Desfile de mísseis soviéticos na Praça Vermelha em novembro de 1984. A partir de 1955, quando se tornou tecnicamente possível à União Soviética lançar mísseis atômicos no território norte-americano, teve início uma coexistência pacífica baseada em milhares de mísseis de parte a parte, com enorme potencial de destruição, acumulados para manter uma força de represália, estratégia ironicamente batizada como MAD, Mutual Assured Destruction (Destruição Recíproca Garantida).

Thatcher em especial se tornaria a madrinha do novo contexto político. Decretando a falência da ideia de socialismo, ela pronunciou o que se tornaria a fórmula básica do novo credo neoliberal: "Não há e nem nunca houve essa coisa chamada sociedade, o que há e sempre haverá são indivíduos". Fórmula que ela completou com um princípio lapidar, de fundo moral, para abençoar o espírito da concorrência agressiva: "A ganância é um bem" ("*greed is good*"). O fato é que, na sua oportuna aliança com Ronald Reagan, ao longo dos anos 80, ambos efetuaram uma mudança drástica do discurso conservador, invertendo os termos do debate político.

Até então as posições radicais monopolizavam a simbologia da emancipação e da justiça social, apostando todas as cartas nos princípios da esperança e da solidariedade, num mundo coeso por impulsos de liberdade, igualdade e

CAPÍTULO I **Aceleração tecnológica, mudanças econômicas e desequilíbrios** 37

fraternidade. Aos conservadores restava tachar essa atitude de ilusória, de lunática, de chamariz para a implantação da tirania totalitária. A operação ideológica construída pelo nexo Reagan-Thatcher mudou completamente a configuração do debate político. Sua maior proeza foi metamorfosear os termos da sua aliança num amálgama cultural de alcance místico. Fortemente apoiados em tradições puritanas exclusivistas e autocentradas da cultura anglo-saxônica, deslocaram seus conteúdos doutrinários da esfera religiosa para a política.

O resultado foi o deslizamento, para o próprio sistema capitalista, do conceito de destino manifesto, tão latente nos líderes históricos ingleses e americanos, como Oliver Cromwell, George Washington e Thomas Jefferson — da ideia de uma missão de liderança civilizadora atribuída pela Providência aos povos anglo-saxões. Diante da obsolescência e do esfarelamento do mundo soviético, acentuado pelo apoio maciço dado pelas potências capitalistas aos rebeldes afegãos, diante da hegemonia incontestável da língua e da cultura anglo-americana, das redes de informação e comunicação unificando o planeta e da cristalização de um estilo de vida centrado na publicidade, nos apelos hedonistas e na euforia do consumo, ninguém poderia negar a preponderância do modelo saxônico. A queda do muro de Berlim só confirmou o que todos já pressentiam àquela altura. Foi quando se declarou o "fim da história" e surgiu a ideia de batizar o século XX como o "século americano".[7]

Mas havia muito mais em curso do que apenas o delírio de Reagan e Thatcher de encarnarem o Adão e a Eva de um novo mundo em versão *wasp*. De fato, uma nova era estava surgindo. Tomando como base o ano de 1975, quando os circuitos integrados alcançaram o pico de 12 mil componentes, a Revolução Microeletrônica assumiu uma aceleração explosiva. Segundo a Lei de Moore, a tendência era que esse número duplicasse a cada dezoito meses. Ou seja, atingido um limiar máximo de densidade para um circuito integrado, esse equipamento era então utilizado para produzir circuitos mais densos ainda, numa cadeia de transformações cumulativas que se alimentam umas às outras. Segundo outra lei clássica da engenharia, cada decuplicação da capacidade de um sistema constitui uma mudança qualitativa de impacto revolucionário. O que significa que desde 75 passamos por algo como dez revoluções tecnológicas sucessivas no espaço de duas décadas e meia. Uma escala de mudança jamais vista na história da humanidade.[8]

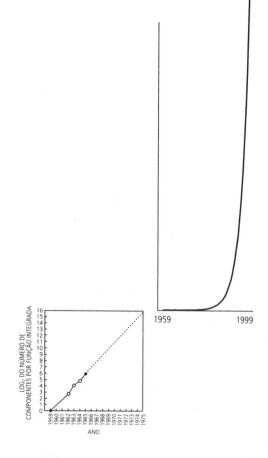

7. O ENGENHEIRO E FÍSICO-QUÍMICO NORTE-AMERICANO GORDON E. MOORE, QUE VIRIA A SER UM DOS FUNDADORES DA INTEL CORPORATION, ELABOROU ESTE GRÁFICO EM 1965, PARTINDO DOS DADOS DE 1959, QUANDO SE ORIGINARAM OS CIRCUITOS INTEGRADOS, PROJETANDO-OS ATÉ O ANO DE 1999.

A ESCADA HORIZONTAL DE TEMPO É LINEAR (ARITMÉTICA), ENQUANTO A ESCALA VERTICAL DE NÚMERO DE COMPONENTES É LOGARÍTMICA (EXPONENCIAL). A CURVA OBTIDA COM A LEI DE MOORE, CONSIDERANDO OS EFEITOS DESSA EXPLOSÃO TECNOLÓGICA EM MEIO SÉCULO, FOI BATIZADA DE MURO DE MOORE.

CAPÍTULO I Aceleração tecnológica, mudanças econômicas e desequilíbrios

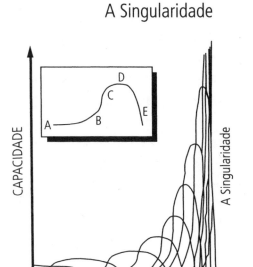

A Singularidade

- Ondas exponenciais

— Configuração
a) origens
b) decolagem
c) limites de aproximação
d) maturidade
e) declínio quando nova tecnologia/paradigma se torna dominante

— A magnitude aumenta geometricamente
— Decréscimo periódico

- O conjunto hiperexponencial atinge infinitude em tempo finito

— A aproximação deve quebrar em algum ponto

- Situação pós-singularidade difícil de prever

O termo "singularidade" designa, em astrofísica, o centro de um buraco negro que, por sua vez, é o campo gravitacional ultradenso decorrente da explosão de uma estrela. Tudo o que esteja ao alcance dessa força estupenda é atraído e desaparece. Diante dessa "anomalia" as leis da ciência não se aplicam. Usada como metáfora pelo matemático e autor de livros de ficção científica Vernor Vinge em 1991, a singularidade é o ponto em que o progresso radical não é progresso, mas o fim do mundo como o conhecemos; em que novos modelos devem ser aplicados, modelos que ainda estão além da nossa capacidade de entendimento.

8. ESTA VERSÃO DA SINGULARIDADE FOI ELABORADA EM 1994 POR TOM MCKENDRE, DA EMPRESA HUGHES AIRCRAFT, PARA O ESTUDO DE EFEITOS DA ACELERAÇÃO TECNOLÓGICA NO ÂMBITO MILITAR.

CADA NOVA TECNOLOGIA INCORPORA POTENCIAIS CUMULATIVOS, DANDO LUGAR A UM NOVO PARADIGMA EM INTERVALOS DE TEMPO CADA VEZ MENORES, DIFERENTEMENTE DA TEMPORALIDADE LINEAR DA LEI DE MOORE. A PROJEÇÃO, BASEADA EM INTERVALOS DE TEMPO CADA VEZ MAIS CURTOS, TORNA AS CURVAS "HIPEREXPONENCIAIS".

Foi esse contexto fortuito que proporcionou os meios para que Reagan-Thatcher consolidassem a agenda conservadora, retraindo a ação do Estado em favor das grandes corporações e do livre fluxo de capitais, abalando os sindicatos, disseminando o desemprego, rebaixando a massa salarial e concentrando a renda. Foi a grande epidemia mundial das privatizações, das reengenharias, das flexibilizações e das megafusões entre grandes empresas. Apoiada na dramática mudança tecnológica, essa onda foi tão poderosa que acabou forçando a alteração do discurso das oposições.

Surfando a onda surgiu o jovem líder trabalhista Tony Blair, que derrotou os conservadores brandindo um programa resumido em três palavras: "educação, educação, educação". Era uma proposta clara que tocava a todos. A nova realidade só oferece oportunidades para o trabalho qualificado; portanto, o melhor meio de favorecer a promoção social deve ser necessariamente a educação. Ademais, na vertiginosa corrida tecnológica que sucedeu à Guerra Fria, somente sociedades que tiverem autonomia tecnológica poderão garantir sua soberania. Logo, educação, ciência e tecnologia são as três chaves da nova era.

Entretanto, o veneno da maçã proibida já havia se infiltrado nas veias dos novos líderes. A ideia não era mais garantir um bom emprego para todos, conforme a tradição socialista, mas disseminar o espírito da concorrência agressiva através de uma nova agenda educacional, de modo que, num mercado cada vez mais concentrado, somente os mais aguerridos, os mais individualistas e os mais expedientes prevalecessem, em detrimento dos desfavorecidos em todos os quadrantes do planeta. E aqui se insere o conceito ampliado de destino manifesto, traduzido no novo dogma chamado "eficiência".

Eficiência, excelência ou eficácia são princípios altamente positivos e desejáveis, desde que não se transformem em panaceias, em fins definidos por si mesmos ou por escalas quantitativas, indife-

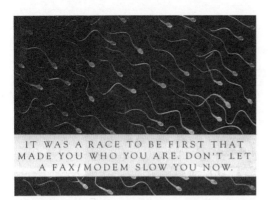

9. "Uma corrida para ser o primeiro fez de você o que você é. Não permita que um fax/modem deixe você devagar agora."

Detalhe de propaganda norte-americana de software, 1994.

rentes aos contextos em que são aplicados, às pessoas e aos recursos envolvidos ou a critérios qualitativos que mantenham compromissos com valores éticos, sociais ou ambientais. Mas foi assim, com esse sentido equívoco, que eles acabaram se tornando as principais bandeiras em torno das quais se aglutinaram tanto os grupos políticos conservadores como muitos daqueles que pretendiam representar os valores radicais, na linha do liberalismo democrático, do trabalhismo, da social-democracia ou do socialismo. Engolfados pelas vicissitudes da rápida globalização, que lhes diminui os poderes de controle e de ação, esses grupos passaram a negociar com as novas forças do mercado, tentando garantir para si pelo menos algum poder de barganha.

Essa situação inusitada congelou o debate político em função de um consenso conformista, denominado por seus críticos "o pensamento único". O foco da prática política

42 CAPÍTULO I Aceleração tecnológica, mudanças econômicas e desequilíbrios

mudou substancialmente. Até então suas metas principais eram a consolidação e o aperfeiçoamento do Estado de bem-estar social, a formulação de políticas fiscais de taxação progressiva com vistas à melhor distribuição das rendas, definição e regulamentação das garantias de emprego, saúde, educação, moradia e seguro social, fiscalização da formação de trustes e cartéis e controle de setores--chave da economia, de forma a estimular o crescimento econômico e desonerar os serviços essenciais aos setores mais carentes da população. O pressuposto, muito óbvio, desse conjunto de ações era o de que o vigor de uma sociedade democrática é inversamente proporcional aos seus níveis de desigualdade social.

Com o advento do "pensamento único" ou das chamadas políticas neoliberais, passou a prevalecer, ao contrário, a ideia de que os Estados abandonassem a cena, abrindo suas fronteiras ao livre jogo das forças do mercado e das finanças internacionais, desregulamentassem quaisquer mecanismos de proteção à economia nacional ou às garantias dos trabalhadores e submergissem junto com toda a sociedade sob uma liberalização geral, em benefício da atuação mais desinibida das grandes corporações. Os argumentos em favor desse rearranjo enfatizam o que é caracterizado como seus aspectos positivos: a difusão das ideias e informações, a atualização e transferência das tecnologias, o rebaixamento dos custos das mercadorias e a ampliação das opções para os consumidores.

O presentismo e o imperativo da responsabilidade

Mas seus aspectos negativos são cautelosamente ocultados, dada sua natureza alarmante: a rápida concentração de renda, o desemprego em massa, a exploração e mortalidade infantil, a difusão da miséria desamparada, o crescimento do tráfico de drogas, o aumento da criminalidade e da violência, a instabilidade financeira,

CAPÍTULO I Aceleração tecnológica, mudanças econômicas e desequilíbrios   43

que torna a ordem mundial cada vez mais volátil e insegura. Bastam alguns dados para revelar o rumo turbulento que o mundo vai tomando. O Relatório de Desenvolvimento Humano da Organização das Nações Unidas, na sua edição de 2000, revela que a disparidade de renda entre os países mais ricos e os mais pobres, que era da ordem de 3 para 1 em 1820, atingiu 44 para 1 em 1973, chegou a 72 para 1 em 1992 e está atualmente ao redor de 80 para 1. Entre 1990 e 1998 a renda per capita caiu nos cinquenta países mais pobres e aumentou nos 28 mais ricos. Cerca de 1,2 bilhão de pessoas, o que equivale a um quinto da população mundial, vivem em nível de miséria absoluta. Cerca de duzentas crianças morrem por hora nos países do Terceiro Mundo, em consequência de desnutrição e de doenças banais, para as quais a cura seria simples, desde que houvesse recursos de atendimento.[9]

Dados como esses deixam bem claro quem está pagando os custos da globalização e quão altos eles são. Esse aumento crítico da desigualdade social é sem dúvida o legado mais perverso do século XX para o XXI. Segundo o mesmo Relatório de Desenvolvimento Humano da ONU, os duzentos maiores multimilionários do planeta acumularam juntos uma fortuna de 1,113 trilhão de dólares em 2000, o que significa cerca de 100 bilhões de dólares a mais do que possuíam no ano anterior. Considerando, por outro lado, toda a população somada dos países do Terceiro Mundo, seu total de renda chega apenas a 146 bilhões, o que representa menos de dez por cento do montante controlado pelos duzentos maiores bilionários.[10]

Constatações desse teor colocam em evidência que o problema mais urgente dos tempos atuais é o da responsabilidade em relação ao futuro, que está sendo configurado por forças fora de qualquer controle institucional. É essa questão que o filósofo Hans Jonas enfrenta no seu livro *O imperativo da responsabilidade*, cujo subtítulo é justamente *A busca de uma ética para a era tecnológica*.[11] Para o autor, todos

44 CAPÍTULO I Aceleração tecnológica, mudanças econômicas e desequilíbrios

aqueles que de alguma forma se beneficiam dos efeitos da globalização deveriam refletir a propósito dos seus efeitos sobre os amplos grupos sociais que são ou excluídos ou vitimados por eles, bem como a respeito do seu enorme impacto sobre o meio ambiente.

O fundamento da crítica de Hans Jonas está numa análise dos limites que restringiam o alcance do juízo ético, tal como formulado desde Sócrates e seus discípulos, nos primórdios da filosofia ocidental, até o momento em que se iniciou a grande aceleração tecnológica, na segunda metade do século XX. Nesse amplo período, a ética se orientou por princípios que a mantinham restrita a um apego ao presente e a situações isoladas. Com o predomínio, nessa fase, de condições tradicionais e de um padrão de baixo potencial tecnológico, não se colocava a questão do impacto futuro que viessem a ter as decisões tomadas aqui e agora. Desde que nelas se interpretasse alguma forma de ganho, de vantagem ou de interesses imediatos para as partes envolvidas, suas possíveis contrapartidas negativas eram relegadas, sendo consideradas custos inevitáveis de algo que, no seu sentido geral, era percebido como um progresso, e cujos benefícios eram maiores que os riscos ou os prejuízos que se podiam prever.

Pode-se dizer, portanto, que durante todo o período que antecedeu a era tecnológica a ética era pensada numa base de relações de indivíduo para indivíduo, completamente centrada numa perspectiva humana, tudo o mais que se relacionasse ao mundo externo e natural sendo tratado como elemento neutro e estranho ao mundo moral. O que fazia sentido, uma vez que a capacidade transformadora do homem sobre o ambiente ao seu redor era, então, muito limitada, e seu alcance futuro era pequeno e relativamente possível de prever e avaliar. Tudo nesses termos se resumia a acordos ou decisões pessoais, de baixo impacto e pequeno alcance.

Mas, com o advento da era tecnológica, o quadro mudou totalmente. A introdução de novas técnicas gerou uma dinâmica em que

CAPÍTULO I Aceleração tecnológica, mudanças econômicas e desequilíbrios   45

o potencial transformador das sociedades modernas se multiplica numa velocidade muito maior do que a necessária para que as pessoas possam compreender ou refletir sobre seus impactos futuros. Por exemplo, em julho de 2000, cientistas da Universidade de Bergen, na Noruega, anunciaram as conclusões de um estudo segundo o qual, a prosseguir o processo de aquecimento global causado pela emissão contínua de dióxido de carbono (CO_2) e metano (CH_4), gases responsáveis pelo efeito estufa, o polo norte desaparecerá por completo a partir de 2050.[12] O efeito que isso acarretará para o equilíbrio climático e ambiental do planeta é imprevisível, mas certamente assumirá feições dramáticas, se não trágicas.

O que explica termos chegado a esse ponto é o caráter essencialmente cumulativo das inovações tecnológicas. A crescente multiplicação de conhecimentos, as redes de informação cada vez mais densas, o aumento constante das taxas de produtividade, o desenvolvimento acelerado e encadeado de novos materiais, novos projetos e novas configurações de sistemas, todos esses fatores se refletem uns sobre os outros, de tal forma que, num curto intervalo de tempo, as circunstâncias iniciais de um processo se transformam para além de qualquer das possibilidades previstas nos seus primeiros momentos. Portanto, seus efeitos mais abaladores, suas consequências mais desestabilizadoras, seus impactos mais alarmantes irão ocorrer em algum ponto do futuro, envolvendo pessoas, circunstâncias e regiões que não compartilharam das decisões originais, mas que então sofrerão plenamente os resultados do processo desencadeado anos antes, por outra geração, a qual, por sua vez, não estará mais aqui para assumir a responsabilidade pelas iniciativas que tomou.

Esse processo caracteriza o que Hans Jonas considera o mal do "presentismo", ou seja, assumir decisões que envolvem grandes riscos no presente sem considerar suas consequências e vítimas futuras. Em meio à tremenda complexidade atingida pelo mundo

46 CAPÍTULO I Aceleração tecnológica, mudanças econômicas e desequilíbrios

moderno globalizado, esse mal se manifesta em inúmeras outras esferas além da tecnológica. Ele aparece nitidamente na política, por exemplo, na medida em que os líderes dos partidos orientam suas decisões pelas expectativas do eleitorado, buscando atender às reivindicações que se traduzam no maior volume de votos e aos lobbies que revertam no maior volume de doações para as campanhas eleitorais. Como ambos, eleitores e lobbies, reivindicam o atendimento de seus interesses imediatos (tal como a redução do preço dos combustíveis fósseis), serão as gerações futuras que terão de arcar com as consequências, se isso vier a causar o derretimento das camadas polares. Mas, é claro, as gerações futuras não têm poder de voto nem constituem lobbies, não podendo, portanto, alterar as decisões tomadas hoje, que reverterão sobre elas amanhã.

Esse mesmo mal do presentismo se manifesta no nível das empresas. Allan Kennedy, que trabalhou a vida toda como consultor gerencial de algumas das mais poderosas companhias americanas, escreveu um livro em que analisa de que maneira, recentemente, a cultura empresarial se tornou prisioneira de expectativas de curtíssimo prazo.[13] Segundo ele, desde o início do período industrial até os anos 70, houve dois padrões básicos de empresa, primeiro o de tipo familiar e, desde meados do século XX, um modelo técnico-gerencial.

A partir de fins dos anos 70, entretanto, uma nova mentalidade se impôs, em virtude da desregulamentação da área financeira e do incentivo às práticas especulativas, intensificadas na sequência pela revolução microeletrônica. Nesse novo contexto, as ações de uma companhia deixaram de ser um meio para a capitalização da empresa, para o incremento de seus negócios e a qualificação de seus produtos, passando a ser um fim em si mesmas. Segundo essa mentalidade, a empresa existe exclusivamente para o lucro imediato de seus acionistas. Essa mudança foi consagrada com a prática de transformar a direção e a equipe gerencial em acionistas, interessados por-

CAPÍTULO I Aceleração tecnológica, mudanças econômicas e desequilíbrios 47

tanto, acima de tudo, na valorização dos títulos da companhia. Daí os processos de enxugamento, racionalização, reengenharia, fusão, que catapultam o valor das ações, mas fragilizam ou levam à absorção da empresa por meio de megafusões em conglomerados maiores. Para os acionistas pouco importa qual o destino do empreendimento: quando as ações ameaçarem entrar em colapso, eles serão os primeiros a vendê-las, embolsando o lucro. *Greed is good!*

Essas distorções que a mentalidade do presentismo imprimiu nas esferas da política e das empresas foram ademais potencializadas por dois outros fatores que a transporiam também para os âmbitos da cultura, do comportamento e dos valores definidores do status social. Esses fatores foram a publicidade e o consumismo, que, fortalecidos pela desregulamentação dos mercados, pela revolução nas comunicações e pela concentração de renda, se tornaram a ideologia por excelência das sociedades neoliberais e o estofo de ilusões que veio a preencher o vazio do "pensamento único".

A força de sedução das novas técnicas publicitárias explorou até os limites as técnicas comunicacionais, intensificando sua capacidade de gerar apelos sensuais e sensoriais, associados a fantasias que envolvem desejos de poder, posse, preponderância, energia, vitalidade, saúde, beleza e juventude eterna. Todas essas projeções, por mais aberrantes e inverossímeis, a publicidade sugere que podem ser atingidas, na proporção direta do poder de consumo de cada um e na proporção inversa dos limites de seu crédito bancário. A artista norte-americana Barbara Kruger resumiu brilhantemente esse estado de espírito definidor dos novos tempos, transformando a mais famosa máxima da filosofia ocidental num slogan — típica técnica publicitária — que se tornou o credo das camadas emergentes: "Eu consumo, logo existo!".

Essas pressões consumistas, intensificadas pelas estratégias publicitárias, se tornam assim a força motriz a multiplicar os anseios presentistas, tanto no plano econômico como no político, o que acarreta uma conver-

gência cada vez maior entre os interesses e modos de ação das empresas e dos grupos políticos, que passam a tratar a sociedade civil sobretudo como mercado consumidor de mercadorias e serviços. O que significa que quem pode mais terá mais e do melhor; quem tem menos poder de compra e negociação será inexoravelmente empurrado para as margens ou para fora do sistema, será visto como vítima de sua própria falta de iniciativa, incapacidade produtiva ou inadaptabilidade à vida moderna. Ou seja, a culpa dos que se veem alijados do consumo é lançada sobre eles mesmos. Eles irão compor a imagem negativa do fracasso, a ser desprezada e evitada com horror, numa sociedade que se representa cada vez mais pelo modelo da jogatina, como sendo composta de ganhadores e perdedores. E, como já dizia o velho mestre Machado de Assis, "aos vencedores, as batatas".

10. "Dia internacional do não consumo" — 24 de novembro.

Símbolo da campanha anual criada em 1990 pela ONG canadense Adbusters Media Foundation. Nessa data, o dia seguinte ao de Ação de Graças, o comércio promove liquidações com vistas às compras de Natal.

O retorno do colonialismo: a desigualdade se aprofunda

Contido no âmago dessa situação de avaliação preconceituosa, porém, prevalece um vício que manifesta um dos aspectos mais perversos da atitude presentista. Ele consiste em se pretender fazer tábula rasa das circunstâncias históricas que conduziram a ordem mundial ao ponto em que agora se encontra. O pressuposto desse preconceito transformado em princípio explicativo é o de que o momento atual representa como que um marco inicial, o ponto inaugural de uma nova fase em que estariam zeradas as múltiplas circunstâncias históricas que condicionaram não apenas cada pessoa, mas famílias, comunidades, grupos sociais e populações inteiras a situações diversas, desiguais e hierarquicamente sobrepostas. O fato é que podemos estar no início de uma nova etapa

11. "Pare de comprar, comece a viver. Não compre nada!"

"Embaçadores culturais", como se autodenominam os membros das inúmeras ONGs anticonsumistas, desfilam nas ruas de San Francisco, em 24 de novembro de 2000. Nesse ano, a manifestação anticonsumista contou com a adesão de simpatizantes em mais de trinta países.

12. MERCADORES DE MARFIM EM ZANZIBAR, C.1880.

"A PALAVRA 'MARFIM' RESSOAVA NO AR, ERA COCHICHADA, SUSPIRADA. VOCÊS ACHARIAM QUE REZAVAM PARA ELE. UMA PODRIDÃO DE RAPACIDADE IMBECIL SE ESPALHAVA POR TUDO, COMO O BAQUE DE FEDOR DE ALGUNS CADÁVERES. POR JÚPITER! NUNCA VI NADA TÃO IRREAL NA MINHA VIDA."
(JOSEPH CONRAD, "O CORAÇÃO DAS TREVAS", 1899)

da configuração tecnológica, mas o mundo certamente não começou agora.

Desde o marco da primeira grande mudança da base técnica da sociedade europeia, por volta dos séculos XIV e XV, por meio da organização do mercado capitalista, do Renascimento cultural e das grandes navegações, tanto as suas estruturas internas passaram a se compor em classes de proprietários e despossuídos, burgueses e proletários, como seus grupos dominantes passaram a subjugar outras comunidades ao redor do mundo, submetidas à sua conquista e reduzidas ao seu domínio. Os desdobramentos posteriores desse complexo quadro político, social e econômico, com a difusão da industrialização, dos potenciais energéticos da eletricidade e dos novos meios de comunicação e transporte a partir de fins do século XIX, levaram a uma polarização ainda mais aguda dessas diferenças sociais e culturais. Foi então para tentar reequilibrar esses antagonismos no interior da sociedade, os quais atingiram limiares revolucionários e explosivos, que, como vimos anteriormente, os Estados modernos desenvolveram políticas compensatórias e redistributivistas, originando o Estado de bem-estar social.

CAPÍTULO I **Aceleração tecnológica, mudanças econômicas e desequilíbrios** 51

Mas, se esse foi o caminho adotado pelas elites na Europa, não ocorreu o mesmo com suas ex-colônias. Pressionados, os Estados europeus se viram forçados a abandoná-las, abrindo o caminho para a sua autonomia, em geral como consequência de insurreições e rebeliões nacionalistas e anticoloniais ao longo dos séculos XIX e XX. Mas, como efeito legado pela sua presença, as nações recém-emancipadas adotaram os modelos políticos das suas ex-metrópoles, lideradas pelas elites dotadas de educação europeia e que, ato contínuo, uma vez declarada a independência, passaram a abusar de suas populações segundo a fórmula aprendida do domínio europeu, contando para isso com o apoio e a colaboração militar das antigas metrópoles. O colonialismo de fato nunca foi extinto, só passou de mãos estrangeiras para o domínio local, continuando a servir aos mesmos propósitos de exploração econômica e expropriação predatória de recursos naturais.

No presente momento, portanto, assiste-se a uma deterioração no que concerne a esses dois diferentes contextos. No cenário das potências econômicas, a tendência é a da rápida desmontagem do Estado de bem-estar social, o que significa que aquelas camadas da sociedade que apresentavam drásticas carên-

13. PATRICE HEMERY LUMUMBA, LÍDER NACIONALISTA E PRIMEIRO-MINISTRO DO CONGO, FOI PRESO E ASSASSINADO EM JANEIRO DE 1961, QUANDO ESTARIA SOB A PROTEÇÃO DAS NAÇÕES UNIDAS. ESTE É O ÚLTIMO REGISTRO DE LUMUMBA COM VIDA. SUA MORTE CAUSOU ESCÂNDALO NA ÁFRICA E MARCOU O INÍCIO DE UMA GUERRA CIVIL DA QUAL CHE GUEVARA PARTICIPOU, ORGANIZANDO O BATALHÃO PATRICE LUMUMBA.

CARTAZ CUBANO DA COMISIÓN DE ORIENTACIÓN REVOLUCIONARIA DE LA DIRECCIÓN NACIONAL DE ORI.

52 CAPÍTULO I Aceleração tecnológica, mudanças econômicas e desequilíbrios

cias, nos seus estratos mais baixos e entre as comunidades de trabalhadores imigrantes, serão abandonadas à própria sorte. O que gera um ciclo vicioso no qual aqueles que tiveram menos condições de saúde, educação, empregos, moradia, estabilidade familiar e promoção social serão punidos por todas essas deficiências, ficando excluídos das novas oportunidades, perdendo os poucos direitos e serviços de que dispunham e legando aos seus descendentes uma miséria ainda maior do que a sua.

No lado das ex-colônias o efeito não é menos perverso, na medida em que, diante da realidade da globalização, a grande vantagem que se apresenta às elites locais é a possibilidade de oferecer a força de trabalho de suas populações e os recursos naturais de seus territórios em troca de valores cada vez mais baixos e métodos cada vez mais predatórios de exploração, na tentativa de atrair as corporações todo-poderosas. Um quadro dramático que não raro envolve situações extremas, como a exploração do trabalho infantil, o "turismo" sexual voltado para crianças e adolescentes, a erosão, a desertificação ou o envenenamento do meio ambiente. São lições dolorosas para quem imagina que a história é movida pelas forças do progresso e que o futuro será sempre mais promissor que o passado.

O FMI, o Banco Mundial e o Terceiro Mundo

Duas instituições se tornaram instrumentos decisivos nesse processo pelo qual o neoliberalismo impõe aos países do Terceiro Mundo uma submissão incondicional ao neocolonialismo. Esses órgãos são o Fundo Monetário Internacional e o Banco Mundial, ambos criados em 1944, com uma dupla finalidade assistencial: financiar a reconstrução dos países arrasados pela guerra e apoiar as nações em processo de desenvolvimento ou recém-emancipadas da condição colonial. Os países capitalistas europeus e o Japão foram de

CAPÍTULO I **Aceleração tecnológica, mudanças econômicas e desequilíbrios** 53

fato generosamente ajudados. Mas, para os demais, o apoio foi se tornando uma ladeira sem fim, afundando-os cada vez mais em níveis sufocantes de endividamento.

Essa situação chegou a um clímax entre o final dos anos 70 e a primeira metade dos 80, quando, com a crise do petróleo — que multiplicou mais de cinco vezes os preços dos combustíveis e forçou altas sem precedentes no valor do dólar e dos juros a serem pagos —, as economias dos países subdesenvolvidos foram fortemente abaladas, mergulhando em crises inflacionárias ou se contorcendo em espirais de hiperinflação. Quando recorreram ao FMI e ao BM em busca de socorro urgente, o que receberam, em vez do alívio ao endividamento, foi um grosso pacote de medidas de "reajuste estrutural": cerca de 115 condições *sine qua non* para a ajuda financeira. Esse receituário impunha medidas como a desregulamentação da economia e das finanças, a derrubada das barreiras alfandegárias e comerciais, a drástica redução dos gastos públicos e serviços sociais, a privatização das empresas estatais e a eliminação de garantias e direitos trabalhistas, inclusive com o enfraquecimento dos sindicatos, de modo a permitir demissões em massa e tornar o mercado de mão de obra mais barato, mais dócil e mais flexível.

Já era o receituário do neoliberalismo se difundindo por todo o mundo. Diante dessa nova realidade, como se vê, não se configurava uma globalização horizontal e unificadora, como reza a mitologia oficial, mas um rearranjo vertical, com as potências econômicas no topo e a massa dos miseráveis do Terceiro Mundo na base imensa e esmagada da pirâmide. Em vista dessas medidas liberalizantes, privatistas e espoliativas, a questão não era mais promover o desenvolvimento, mas fazer com que grande parte dos bens, dos recursos e dos mecanismos de decisão das ex-colônias retornasse às antigas metrópoles colonizadoras, em especial na forma de juros pagos ao capital especulativo, em detrimento das necessidades básicas da população.

54 CAPÍTULO I Aceleração tecnológica, mudanças econômicas e desequilíbrios

Foi desse modo que, por exemplo, uma sociedade de padrão socialista como a da Tanzânia, assim que assinou os termos da "ajuda econômica" com o FMI, viu seu produto interno bruto cair de 309 para 210 dólares per capita; a taxa de pessoas vivendo abaixo do nível de pobreza absoluta subir 51 por cento e o analfabetismo crescer cerca de vinte por cento. Como o país apresentava um quadro de expansão da epidemia de aids, os técnicos do FMI recomendaram que os hospitais públicos passassem a cobrar taxas de consulta e internação. O que fez com que a frequência das pessoas aos hospitais caísse em 53 por cento. Resultado: o país tem hoje 1,4 milhão de pessoas esperando para morrer.[14]

Mais próximo de nós, o quadro da América Latina é igualmente desolador. Se observarmos em perspectiva, veremos que nos anos 50, em plena época do desenvolvimentismo, o produto interno bruto da região era o maior em relação ao de todos os outros países em desenvolvimento, só perdendo para as grandes potências industriais. Mas, segundo o relatório sobre os indicadores econômicos e sociais da América Latina, divulgado pelo Banco Interamericano de Desenvolvimento em 5 de maio de 2000, a economia da região perde hoje para a Europa Oriental, o Oriente Médio e o leste da Ásia, superando apenas a África e alguns dos mais pobres países asiáticos. Além do mais, acrescenta o relatório, "a região tem tido níveis mais altos de concentração de renda do que qualquer outra região do mundo. Na América Latina, um quarto da renda nacional vai para cinco por cento da população".[15]

No Brasil, em particular, a situação é ainda mais drástica. Dentro do quadro geral de estagnação da América Latina, o país apresenta também os mais altos índices de concentração de renda. Ou seja, se a América Latina tem as mais altas taxas de concentração de renda do mundo, o Brasil excede as mais altas taxas de concentração de riqueza da América Latina. Essa situação foi altamente exacerbada

CAPÍTULO I Aceleração tecnológica, mudanças econômicas e desequilíbrios 55

pelos efeitos dos pactos de "ajuda financeira" acertados com o FMI e o BM desde inícios dos anos 90. Segundo a Síntese de indicadores sociais de 1999 do IBGE, o um por cento mais rico da população detém 13,8 por cento da renda total, enquanto os cinquenta por cento mais pobres ficam com 13,5 por cento da renda. Ademais, no nível de maior pobreza da sociedade brasileira, cerca de vinte por cento das famílias vivem com renda per capita ao redor de meio salário mínimo (equivalente a 40 dólares).[16]

Crítica, luta humanitária e ação em escala global

O que não quer dizer que as forças históricas sejam inexoráveis e nada mais se possa fazer. Ao contrário, a grande vantagem de estudar a história consiste justamente na possibilidade, que ela nos propicia, de uma compreensão mais articulada das circunstâncias por meio das quais chegamos ao ponto em que estamos e, a partir daí, na possibilidade de uma melhor avaliação das alternativas que se apresentam e que podemos vislumbrar graças à ampliação da perspectiva temporal. Essa estratégia privilegiada nos permite sair dos limites estreitos tanto do presentismo como do conformismo do "pensamento único".

Se nos colocamos, portanto, a questão de como enfrentar esse quadro de graves desequilíbrios — introduzidos ou acentuados pela liberalização dos agentes econômicos e financeiros, pelas mudanças tecnológicas e seus efeitos globalizadores —, algumas alternativas interessantes se apresentam. O ato inicial, porém, é compreender que não se coloca mais a possibilidade de retorno a um contexto anterior, situado no passado remoto ou recente, ao qual pudéssemos regressar. As mudanças históricas ou tecnológicas não são fatalidades, mas, uma vez desencadeadas, estabelecem novos patamares e configurações de fatos, grupos, processos e circunstâncias, exigindo que o pensamento se reformule em adequação aos novos termos para poder interagir com eficácia no novo contexto.

Nesse sentido, uma das propostas mais oportunas é a que sugere o desafio de que os Estados enfraquecidos passem a atuar num concerto transnacional, buscando uma nova capacidade reguladora de âmbito mundial, compatível com o campo de ação global em que agem atualmente as grandes corporações. Complementando essa reformulação dos Estados nacionais, seria necessário que as respectivas sociedades e suas associações civis atuassem também em coordenação internacional, exercendo pressões como consumidores, já que essa é agora a força dominante, para que as empresas sejam transparentes quanto às suas políticas trabalhistas, suas responsabilidades sociais, culturais e ecológicas, sob a pena de boicotes em escala global.[17]

Essa dupla linha de confronto político, simultaneamente em nível internacional e local, conduzida por órgãos internacionais, associações civis e organizações não governamentais (ONGs), deveria exigir que as empresas e os Estados redirigissem suas energias e recursos para contrabalançar os efeitos do desemprego, da destituição e da desagregação dos serviços básicos, dos mecanismos compensatórios e redistributivos de oportunidades e recursos. Na mesma linha, seria urgente atuar no sentido de deter e reverter a dramática degradação das condições de vida nos países do Terceiro Mundo, estabelecendo em nível internacional procedimentos de compensação e redistribuição semelhantes em espírito aos adotados internamente, em relação aos grupos desfavorecidos, nas potências pós-industriais.

A respeito dessa perspectiva de busca de um nivelamento mais equilibrado nas relações entre as potências capitalistas e os países do Terceiro Mundo, o já citado Relatório de Desenvolvimento Humano da ONU assinala algumas proposições novas e bastante promissoras. Como resultado justamente de pressões contínuas de associações

CAPÍTULO I Aceleração tecnológica, mudanças econômicas e desequilíbrios 57

civis, órgãos internacionais e ONGs diversas, esse relatório, cuja edição começou em 1990, pela primeira vez estabeleceu de forma categórica que os direitos humanos devem necessariamente incluir direitos econômicos, sociais e culturais, e não apenas direitos civis e políticos, conforme estabelecera a tradição liberal. O que significa que o bloqueio sistemático a possibilidades de prosperidade, promoção social ou acesso à educação, à informação e aos meios de criação e expressão cultural constituem violações de direitos humanos.

Esse princípio ético-jurídico comporta amplas e notáveis consequências. Ele implica que os responsáveis por tais violações, sejam autoridades locais, grupos econômicos ou instâncias internacionais, serão passíveis de julgamento em tribunais internacionais por crimes contra a humanidade ou contra o meio ambiente. Isso representa uma conquista inovadora e radical, à qual só se chegou — conforme reconhece Richard Jolly, coordenador do relatório — em virtude de a desigualdade em âmbito global ter atingido "escalas de magnitude fora de comparação com qualquer outro processo já vivido ou conhecido anteriormente".[18]

A definição desse novo conceito ético corresponde muito propriamente às expectativas manifestadas pelo filósofo Hans Jonas quanto à criação de um necessário "imperativo de responsabilidade". Um coro de vozes, cada vez mais denso, composto de associações humanitárias ou líderes identificados com os direitos humanos por todo o mundo, vem insistindo no enquadramento jurídico e penal de indivíduos, grupos ou instâncias cuja atuação irresponsável prejudique outras criaturas, alheias aos processos decisórios, ou seu meio natural.

Esta é, por exemplo, a posição do célebre economista John Kenneth Galbraith, um dos formuladores das propostas que levaram à consolidação do Estado do bem-estar social no século XX:

58 CAPÍTULO I Aceleração tecnológica, mudanças econômicas e desequilíbrios

O desenvolvimento econômico e social que eu mais gostaria de ver no próximo século se baseia firmemente no que vi neste século que está acabando. Ele se refere à pobreza. [...] As diferenças de rendimentos têm de ser diminuídas, particularmente pela melhoria de condições daqueles que vivem em privação. [...] Pelo mundo afora há populações drasticamente empobrecidas. [...] Temos de reconhecer que o fim do colonialismo deixou alguns países sem governo ou sob regimes cruéis, nefastos ou incompetentes, que ignoram totalmente as expectativas de bem-estar de suas populações. Nos próximos anos é preciso criar meios pelos quais uma ONU fortalecida intervenha na soberania de países cujos governos estejam destruindo seus povos. Não podemos, em boa consciência, continuar a tolerar décadas e décadas de crueldade [...].[19]

Com o que concordam os termos do último Relatório de Desenvolvimento Humano da ONU, o qual conclui com uma proposta política em tom de manifesto:

Os avanços no século XXI serão conquistados pela luta humanitária contra os valores que justificam as divisões sociais — e contra a oposição que essa luta terá de enfrentar por parte de interesses econômicos e políticos estabelecidos.[20]

CAPÍTULO II
Máquinas, massas, percepções e mentes

*Mudanças tecnológicas e transfiguração do cotidiano:
tempos modernos*

Como vimos no capítulo anterior, a partir da segunda metade do século XIX e pelo XX afora, as transformações tecnológicas se tornam um fator cada vez mais decisivo na definição das mudanças históricas. Tomamos como nosso ponto de referência mais distante a Revolução Científico-Tecnológica de 1870 e pudemos acompanhar seus desdobramentos, que, em direção ao final do século XX, foram se tornando progressivamente mais acelerados, intensos e dramáticos. Se compusermos um quadro amplo de como esse efeito atua, verificaremos que as mudanças dos mecanismos e processos téc-

1. "EM NOME DA SAÚDE USE ELETRICIDADE."

PROPAGANDA DE 1927 DA ELECTRICAL DEVELOPMENT ASSOCIATION, COMPANHIA BRITÂNICA DE FORNECIMENTO DE ENERGIA ELÉTRICA, PARA PROMOVER O USO DOMÉSTICO DA ELETRICIDADE. ALÉM DAS TARIFAS ALTAS E DA PARCA REDE DE DISTRIBUIÇÃO QUE INIBIAM O CONSUMO, HAVIA A RESISTÊNCIA SUPERSTICIOSA DA POPULAÇÃO, QUE GERALMENTE ATRIBUÍA QUALIDADES FANTASMAGÓRICAS À ELETRICIDADE E PRIVILEGIAVA O USO TRADICIONAL DA MADEIRA E DO CARVÃO.

nicos, num primeiro momento e de forma mais direta, ampliam os potenciais produtivos de um dado sistema econômico, seja aumentando sua capacidade de produção e consumo, seja multiplicando suas riquezas, representadas pelos fluxos de recursos humanos, conhecimentos, equipamentos, mercadorias e capitais.

Num segundo momento, essas mudanças irão alterar a própria estrutura da sociedade. Isso ocorre na medida em que o surgimento dos novos e grandes complexos industriais — tais como usinas elétricas, fundições, siderúrgicas, indústrias químicas e refinarias de petróleo, com sua escala de milhares ou dezenas de milhares de trabalhadores — promoverá o crescimento e a concentração dos contingentes de operários, propiciando um aumento excepcional dos seus poderes de pressão, barganha e contestação, manifestados por intermédio de associações, sindicatos e partidos, colocando assim em xeque os mecanismos tradicionais de controle da sociedade burguesa.

Essa situação, potencialmente explosiva, levaria à criação dos primeiros movimentos e partidos com característica operária ou à formação de partidos multiclassistas, ditos de massa, que representariam os interesses de amplas camadas identificadas pela sua condição de assalariadas ou dependentes da venda de seus conhecimentos especializados (reunindo operários, técnicos, funcionários públicos, profissionais liberais, trabalhadores domésticos e autônomos, vendedores, caixeiros, artesãos, pequenos produtores agrícolas e assim por diante). Esses novos partidos alterariam o quadro político, ensejando o surgimento de regimes baseados nas organizações operárias ou de massa, em linhas tão diversas como o populismo norte-americano, o nazi-fascismo ou o comunismo soviético.

Assim como as inovações tecnológicas alteram as estruturas econômica, social e política, mudam ao mesmo tempo a condição de vida das pessoas e as rotinas do seu cotidiano. As novas deman-

CAPÍTULO II **Máquinas, massas, percepções e mentes** 61

das de mão de obra dos grandes complexos industriais, associadas à mecanização em massa das atividades agrícolas, provocam um êxodo coletivo de grandes contingentes da população rural em direção às cidades, dando origem às metrópoles e megalópoles modernas. Pela primeira vez as cidades podem crescer em escala colossal, pois os novos meios de transporte movidos a eletricidade, como os trens, bondes e metrôs, ou os veículos com motor de combustão interna, como motocicletas, carros, ônibus e caminhões, podem deslocar rapidamente grandes multidões dos bairros residenciais para as zonas de trabalho e vice-versa.

Da mesma forma que crescem horizontalmente, as metrópoles podem expandir-se na

2. CITY OF LIGHT.

MAQUETE ILUMINADA E MECANIZADA DE MANHATTAN, DESENHADA PELO ARQUITETO WALLACE K. HARRISON PARA O PAVILHÃO DA EMPRESA FORNECEDORA DE ENERGIA ELÉTRICA DA CIDADE, CONSOLIDATED EDISON, NA NEW YORK WORLD'S FAIR DE 1939. "[...] UMA CIDADE COM NERVOS ELÉTRICOS PARA CONTROLAR SEUS MOVIMENTOS E TRANSMITIR SEUS PENSAMENTOS [...]", DIZIA O DISCURSO DE INAUGURAÇÃO.

vertical, graças à versatilidade dos novos materiais de construção, como o concreto armado, aços especiais, alumínio e chapas resistentes de vidro, que darão origem aos prédios e arranha-céus. Estes, por sua vez, podem ser facilmente escalados, apesar da altura gigantesca, por meio da eletricidade que move os elevadores. E, para achar um amigo, basta apertar a campainha e usar o interfone. Ah, e convém não esquecer de acender a luz do hall, pois lá dentro não entra a luz do sol.

Toda essa vasta população, portanto, tem sua vida administrada por uma complexa engenharia de fluxos, que controla os sistemas de abastecimento de água corrente, esgotos, fornecimentos de eletricidade, gás, telefonia e transportes, além de planejar as vias de comunicação, trânsito e sistemas de distribuição de gêneros alimentícios, de serviços de saúde, educação e segurança pública. Assim, numa metrópole tudo se insere em sistemas de controle, até o passo com que as pessoas se movem nas ruas, dependente da intensidade dos fluxos de pedestres e do trânsito de veículos, de forma que, se alguém for mais lento do que seus circunstantes, ou será chutado, acotovelado e pisado ou, se não atravessar a via expressa num rabo de foguete, terminará debaixo de algum veículo desembestado.

Esse controle tecnológico pleno do ambiente em que vivem as pessoas acaba, por consequência, alterando seu comportamento. Nessa sociedade altamente mecanizada, são os homens e as mulheres que devem se adaptar ao ritmo e à aceleração das máquinas, e não o contrário. Um drama que foi representado com singela beleza no clássico *Tempos modernos*, desse herói da resistência humana contra a tirania das máquinas e dos processos de racionalização que foi Charles Chaplin, o Carlitos. Nesse filme de 1936, o artista expõe não só a maneira como a nova civilização tecnológica deforma o corpo e o comportamento das pessoas, sujeitas a movimentos reflexos incontroláveis e a impulsos neuróticos, como o modo pelo qual suas rela-

ções sociais, seus afetos e sua vida emocional são condicionados por uma lógica que extrapola as fragilidades e a sensibilidade que constituem o limite e a graça da nossa espécie.

Dos olhos às mentes: designers do século XX

A alteração no padrão do comportamento das pessoas imposta pela preeminência das máquinas, das engenharias de fluxos e do compasso acelerado do conjunto, como seria inevitável, acaba também provocando uma mudança no quadro de valores da sociedade. Afinal, agora os indivíduos não serão mais avaliados pelas suas qualidades mais pessoais ou pelas diferenças que tornam única a sua personalidade. Não há tempo nem espaço para isso. Nessas grandes metrópoles em rápido crescimento, todos vieram de algum outro lugar; portanto, praticamente ninguém conhece nin-

3. CENA DE "TEMPOS MODERNOS".
"A VORACIDADE ENVENENOU A ALMA DOS HOMENS, ENVOLVEU O MUNDO NUM CÍRCULO DE ÓDIO E NOS OBRIGOU A ENTRAR A PASSO DE GANSO NA MISÉRIA E NO SANGUE. MELHOROU-SE A VELOCIDADE, MAS SOMOS ESCRAVOS DELA. A MECANIZAÇÃO, QUE TRAZ A ABUNDÂNCIA, LEGOU-NOS O DESEJO. A NOSSA CIÊNCIA NOS TORNOU CÍNICOS. A NOSSA INTELIGÊNCIA NOS TORNOU DUROS E BRUTAIS."
DECLARAÇÃO FINAL DE "O GRANDE DITADOR", DE 1940.

guém, cada qual tem uma história à parte, e são tantos e estão todos o tempo todo tão ocupados, que a forma prática de identificar e conhecer os outros é a mais rápida e direta: pela maneira como se vestem, pelos objetos simbólicos que exibem, pelo modo e pelo tom com que falam, pelo seu jeito de se comportar.

Ou seja, a comunicação básica, aquela que precede a fala e estabelece as condições de aproximação, é toda ela externa e baseada em símbolos exteriores. Como esses códigos mudam com extrema rapidez, exatamente para evitar que alguém possa imitar ou representar características e posição que não condizem com sua real condição, estamos já no império das modas. As pessoas são aquilo que consomem. O fundamental da comunicação — o potencial de atrair e cativar — já não está mais concentrado nas qualidades humanas da pessoa, mas na qualidade das mercadorias que ela ostenta, no capital aplicado não só em vestuário, adereços e objetos pessoais, mas também nos recursos e no tempo livre empenhados no desenvolvimento e na modelagem de seu corpo, na sua educação e no aperfeiçoamento de suas habilidades de expressão. Em outras palavras, sua visibilidade social e seu poder de sedução são diretamente proporcionais ao seu poder de compra.

Esses dois novos fatores associados — a aceleração dos ritmos do cotidiano, em consonância com a invasão dos implementos tecnológicos, e a ampliação do papel da visão como fonte de orientação e interpretação rápida dos fluxos e das criaturas, humanas e mecânicas, pululando ao redor — irão provocar uma profunda mudança na sensibilidade e nas formas de percepção sensorial das populações metropolitanas. A supervalorização do olhar, logo acentuada e intensificada pela difusão das técnicas publicitárias, incidiria sobretudo no refinamento da sua capacidade de captar o movimento, em vez de se concentrar, como era o hábito tradicional, sobre objetos e contextos estáticos.

4. Christian Dior (1905-1957) MUDOU OS PADRÕES DA MODA AO CRIAR O "NEW LOOK" EM 1947: A NOVA SILHUETA FEMININA FORJADA EM CORTES ARROJADOS E TECIDOS LUXUOSOS CONFERIA MODERNIDADE E, AO MESMO TEMPO, A AURA MÁGICA DOS BAILES E EVENTOS ELEGANTES ANTERIORES ÀS DUAS GUERRAS. A MARCA DIOR SE TORNOU SINÔNIMO DE ALTA-COSTURA E DE TODOS OS ACESSÓRIOS INERENTES A ELA.

Nesse novo mundo em aceleração sempre crescente, o grande ganho adaptativo, em termos sensoriais e culturais, consiste exatamente em estabelecer nexos imediatos com os fluxos dinâmicos. Esse aguçamento da percepção visual deveria ocorrer tanto no nível subconsciente como no da compreensão racional da sistemática das energias e elementos em ação dinâmica. Uma tal readaptação dos sentidos apresenta, pois, uma dupla vantagem. Por um lado, possibilita evitar os riscos e inconvenientes intrínsecos a essas forças e agentes potencializados pela aceleração (por exemplo, desviar de um carro em alta velocidade), e, por outro, na medida em que as pessoas aprendem a reagir a eles, lhes permite compreendê-los melhor e tirar deles o maior proveito pos-

5. "Faça sua cabeça. De novo, de novo e de novo."
Propaganda norte-americana de um software de desenho gráfico, 1993.

sível (por exemplo, inventando sistemas de racionalização do trânsito urbano e de segurança para os pedestres). A sofisticação das habilidades do olhar, embora decorresse de um treinamento imposto pela própria realidade em rápida mudança, acabava trazendo, por consequência, a possibilidade de ampliar os horizontes da imaginação e de instigar as mentes a vislumbrar modos mais complexos de interação com os novos potenciais.

Alguns casos exemplares podem ajudar a compreender como ocorre esse processo que envolve mudança tecnológica e alteração da percepção e da sensibilidade, com efeitos diretos sobre a imaginação e o entendimento. Foi o que se deu com o jovem Albert Einstein. Em fins do século XIX, quando ainda um rapagote, ele surpreendeu seu pai e seu tio com uma estranha questão: "Que aparência teria o mundo, se visto por alguém que se deslocasse à velocidade da luz?". A pergunta faz completo sentido, se considerarmos que aquilo que os nossos olhos captam é a luz refletida sobre as superfícies, que constituem toda forma de

CAPÍTULO II **Máquinas, massas, percepções e mentes** 67

presença material no mundo. Se estivermos à velocidade da luz, como veríamos essa luz refletida? Essa mudança energética dramática na interação do nosso olhar com a realidade deveria alterar alguma coisa na nossa percepção, não é? Mas, como a ideia de alguém se deslocar à velocidade da luz pareceu por si só insensata, pai e tio consideraram despropositada a pergunta e repreenderam o garoto impertinente. Graças à sua teimosia, entretanto, na busca de esclarecer essa questão, Einstein criaria a teoria da relatividade.

Teria sido a genialidade que levou o rapaz a formular aquela questão? Sem dúvida Einstein era dotado de uma inteligência excepcional. Mas o que forneceu elementos para estimular sua imaginação e seu entendimento foram circunstâncias bastante concretas. Seu pai e seu tio eram engenheiros e foram pioneiros na implantação de usinas elétricas e redes de transmissão de energia na região dos Alpes, numa área em rápido desenvolvimento industrial, nas fronteiras entre a Áustria, a Suíça e o norte da Itália. Para possibilitar a comunicação entre esses polos, fortemente dificultada pelos picos rochosos das montanhas, foram abertos vários túneis, permitindo a instalação ali de uma complexa malha ferroviária.

Viajando com os tios, o jovem Einstein ficava seduzido com a brusca sensação de aceleração experimentada quando dois trens em direções opostas se cruzavam. Quando isso ocorria no escuro de um túnel, o garoto via dois fachos de luz apontando um para o outro. E se nós estivéssemos num daqueles fachos, o que veríamos? Para os adultos, a luz na frente dos trens servia a um propósito bem definido: iluminar o caminho. Para o jovem, era um potencial aberto a possibilidades ilimitadas. O pai e o tio de Einstein foram pioneiros em conceber a solução de problemas práticos a partir do uso inovador da eletricidade. O menino, já nascido num mundo movido basicamente pela energia elétrica, vislumbrava o seu desdobramento para outras dimensões ainda não imaginadas.

68 CAPÍTULO II **Máquinas, massas, percepções e mentes**

O modo como a rápida mudança do cenário tecnológico remodelava as imaginações é igualmente nítido no caso do designer francês Raymond Loewy, nascido em 1893. No seu livro de memórias ele descreve como as novas invenções marcaram de forma indelével a sua visão do mundo:

> Aos catorze anos, em Paris, onde nasci, eu já tinha visto o nascimento do telefone, do avião, do automóvel, das aplicações domésticas da eletricidade, do fonógrafo, do cinema, do rádio, dos elevadores, dos refrigeradores, dos raios X, da radioatividade e, não menos importante, da anestesia.[1]

Depois de atuar como oficial engenheiro na Primeira Guerra Mundial, o primeiro conflito bélico travado em termos puramente tecnológicos, Loewy migrou para os Estados Unidos. Ali, fascinado com o prodigioso desenvolvimento industrial, iria se tornar a figura quintessencial do design moderno. O que ele percebeu, em termos pioneiros, foram duas coisas básicas. Primeiro, que não basta aos produtos da indústria serem melhores, mais funcionais e mais fáceis de usar, não basta investir em qualidade, eficiência e conforto. Num mundo marcado pela hipertrofia do olhar, o fundamental é que os produtos *pareçam* mais modernos, que se tornem eles mesmos manifestos de propaganda da modernidade que as pessoas anseiam por incorporar em seu cotidiano, pois isso lhes permite irradiar a autoconfiança, o otimismo e o sentimento de superioridade dos que vão adiante do seu tempo, abrindo o caminho com espírito de aventura e alma de exploradores, para os que os seguem logo atrás.

A segunda descoberta de Loewy foi que, num mundo submerso sob a avalanche cada vez mais sufocante de mercadorias e produtos industriais, não basta que os artigos sejam bons e baratos para ganhar o favor dos consumidores. O efeito massivo da produção industrial, ao enfatizar conceitos de quantidade e variedade, oprime a preeminência que recaiu sobre o olhar como recurso de orientação e definição de prestígio. Daí a necessidade de dotar as mercadorias de um padrão visual homogêneo e inovador, identificado com formas, cores, linhas e texturas apresentadas como um código icônico da modernidade, por um lado, e, por outro, de todo um jogo de tensões, contrastes e ousadias que as distinguissem das demais, as quais ficavam rebaixadas por associação a noções de passado, obsolescência e mediocridade. O que Loewy descobriu, em suma, foi o conceito de *estilo*. Ou seja, a forma de utilizar as mudanças na percepção a fim de capturar a imaginação dos consumidores.

Caso ainda mais interessante é o dos artistas que criaram a arte moderna no início do século XX. Esse grupo, reunido ao redor do pintor Picasso, incluía, entre outros, o músico Erik Satie, o poeta Guillaume Apollinaire e o dramaturgo Alfred Jarry, todos artistas decisivos na elaboração da nova estética, que viria a ser chamada de arte moderna. Sendo gente de vida boêmia e de poucos recursos, seu

OBJETOS DESENHADOS POR LOEWY:

6. CÂMERA FOTOGRÁFICA PURMA SPECIAL (1937), CORPO DE BAQUELITE, LENTE DE ACRÍLICO E PREÇO ACESSÍVEL.

7. GELADEIRA COLDSPOT SUPER SIX (c. 1934), AERODINÂMICA SEMELHANTE À DO AUTOMÓVEL.

8. TALHERES PARA OS AVIÕES DA AIR FRANCE (c. 1978), DESENHADOS PELA COMPAGNIE D'ÉSTHETIQUE INDUSTRIELLE, FUNDADA POR LOEWY.

70 CAPÍTULO II **Máquinas, massas, percepções e mentes**

modo preferido de se entreter era compartilhar das novas formas de lazer criadas graças ao advento da eletricidade: o cinema e os parques de diversões. Diga-se de passagem que, em fins do século XIX, quando essas formas de entretenimento surgiram, elas eram destinadas especificamente às classes trabalhadoras; as pessoas mais abastadas as consideravam formas grosseiras, vulgares, coletivas e estúpidas de diversão, apropriadas apenas para crianças sem acesso à educação e para criaturas ignorantes em geral, sem condições de usufruir das belas-artes.

No cinema, o grupo boêmio era fã das comédias dos irmãos Méliès. Nesses filmes, em geral pastelões, criaturas caíam da janela dos prédios sem que nada lhes acontecesse, se davam marteladas e picaretadas nas respectivas cabeças e quem amassava era o instrumento, ou se enchiam uns aos outros com bombas pneumáticas até que um estourava, ou executavam danças em que, a certa altura, as pernas e os braços do dançarino se separavam do corpo ou tomavam um banho e encolhiam a ponto de entrar pelo ralo e circular pelos encanamentos da cidade, e assim por diante. Ou seja, o que encantava os artistas eram os truques de corte e montagem que o cinema permitia, superando todos os limites humanos e permitindo proezas jamais imaginadas, nem pelas mais ousadas formas de fantasia.

Nos parques de diversões, o que os atraía eram os brinquedos que, ou por submeterem as pessoas a experiências extremas de deslocamento e aceleração ou por lhes propiciarem perspectivas inusitadas, alteravam dramaticamente a percepção do próprio corpo e do mundo ao redor. Era o caso dos trenzinhos expressos, do tira-prosa, da roda-gigante e, claro, da montanha-russa, uma mistura de tudo isso com muito, muito mais emoções.

De tal modo aqueles artistas souberam transpor essas experiências para o mundo artístico que, quando observamos um quadro típico do cubismo, a linguagem artística criada por Picasso, o que vemos

CAPÍTULO II **Máquinas, massas, percepções e mentes** 71

INVENÇÕES DOS MÉLIÈS:

9. CARTAZ DO ESPETÁCULO DE MÁGICA "LE CHÂTEAU DE MESMER", 1894.

GEORGES MÉLIÈS COMEÇOU SUA CARREIRA COMO MÁGICO, FAZENDO USO DE PROJEÇÕES DE LUZ PARA DRAMATIZAR SEUS QUADROS NO TEATRO DAS ILUSÕES, EM PARIS. MAIS TARDE APLICARIA SUAS TÉCNICAS EM FILMES.

10. CENA DE "VIAGEM À LUA", 1902.

FILME DE TRINTA MINUTOS EM QUE SEIS CIENTISTAS, MEMBROS DO CLUBE DOS ASTRÔNOMOS, VÃO PARA A LUA, SÃO APRISIONADOS PELOS SELENITAS, CONSEGUEM ESCAPAR, CAEM DE VOLTA NA TERRA E SÃO RESGATADOS COMO HERÓIS.

é o efeito conjunto dessas técnicas de corte, montagem, multiplicação de perspectivas e fragmentação da visão. Os objetos são vistos simultaneamente por cima, pelos lados, por dentro, por fora, por baixo, em diferentes ângulos ao mesmo tempo e num contexto espacial segmentado em múltiplas faces e dimensões. Embora estejamos diante de um objeto estável, um quadro, o que ele representa é um dinamismo sensorial em turbilhão, como se estivéssemos nos deslocando rapidamente em diferentes direções e vendo a cena pintada de vários ângulos e em muitos recortes ao mesmo tempo.[2]

O que a nova estética cubista propõe já nada tem a ver com as tradicionais "belas-artes", mas é uma reflexão acerca dos novos

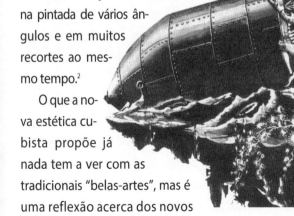

CAPÍTULO II Máquinas, massas, percepções e mentes

11. "Sacré-Coeur", tela de 1910 de Georges Braque.

12. Foto da Basílica de Sacré-Coeur em Montmartre, Paris.

Picasso e Braque, ligados um ao outro como uma dupla de alpinistas, como eles mesmos diziam, levaram ao cume as novas possibilidades nas artes visuais. Braque assim definiu a linguagem visual apelidada de cubismo: "Novos meios, novos temas... O objetivo não é reconstituir um fato da vida real, mas constituir um fato pictórico... Trabalhar a partir da natureza significa ter de improvisar... Os sentidos deformam, a mente forma... Eu admiro as regras que corrigem as emoções".

potenciais e seu impacto transformador sobre a percepção, a imaginação e a inteligência humanas. Não devemos nos surpreender, portanto, se descobrimos que o cientista que sistematizou a mais ousada revelação da ciência

CAPÍTULO II Máquinas, massas, percepções e mentes 73

moderna, Niels Bohr, um dos maiores expoentes da física quântica, era um colecionador apaixonado e compulsivo de arte cubista. Quem poderia imaginar quão longe chegariam os efeitos desorientadores da montanha-russa?

A indústria do entretenimento e a sociedade do espetáculo

Mas a montanha-russa obviamente não foi criada com essa intenção de potencializar a imaginação e nem mesmo o cinema derivou de qualquer motivação dotada desse teor nobre. Sua destinação desde a origem foi a de proporcionar entretenimento para o maior número pelo menor preço. Corresponde ao que nos Estados Unidos foi chamado de mercado das "emoções baratas". Como vimos, o rápido processo de industrialização gerou processos de crescimento e concentração urbana, ensejando o surgimento das metrópoles. A forte organização dos trabalhadores e suas lutas constantes pela melhoria de suas condições de vida e de trabalho acabaram se convertendo (especialmente depois das grandes greves e agitações revolucionárias entre fins do século XIX e inícios do XX) em ganhos salariais, redução da jornada de trabalho, folgas semanais e férias. Formaram-se assim grandes contingentes com alguns recursos para gastar e algum tempo livre. Como a ópera, o teatro e os salões de belas-artes eram luxos reservados aos abastados, alguns empresários vislumbraram a oportunidade de investir nas duas formas baratas de lazer possibilitadas pelo desenvolvimento da eletricidade: o cinema e os parques de diversões.

O resultado foi um espantoso sucesso. A montanha-russa foi inventada em 1884 e o cinema dez anos depois, em 1894. Em ambos se fica na fila, se paga, se senta e, por um período de tempo determinado, se é exposto a emoções mirabolantes. A montanha-russa produz a vertigem no corpo, de tal modo que oblitera os sen-

74 CAPÍTULO II **Máquinas, massas, percepções e mentes**

tidos e mal se pode observar ou apreender o mundo ao redor. No cinema, as luzes se apagam e a tela se irradia com uma hipnótica luz prateada, isolando todos os sentidos e fazendo com que a vertigem nos entre pelos olhos. O que se paga é o preço da vertigem, e não é caro. O impacto psicofisiológico da experiência é no entanto de tal forma gratificante, que ninguém resiste a voltar muitas e muitas vezes, fazendo desses atos um ritual obrigatório de todo fim de semana. Eles, literalmente, viciam.

Grandes fortunas se fizeram explorando esse anseio pelas "emoções baratas" entre as massas urbanas. Era o nascimento de um dos empreendimentos mais prósperos do século XX: a indústria do entretenimento. Em 1897 foi inaugurado em Coney Island, conexa à cidade de Nova York, o Steeplechase Park, criado por um especulador do mercado imobiliário, George Cornelius Tilyou, consolidando a ideia genial de associar num mesmo ambiente todo um lote de diversões elétricas, vários cinemas e uma enorme montanha-russa. O afluxo de público foi tão grande, os lucros tão estratosféricos, que o empreendimento não parou mais de crescer. Em dez anos o parque de diversões se estendia por uma área de quase um quilômetro quadrado, tornando Coney Island o maior centro de entretenimento do mundo. Era o precursor das Disneylândias, dos parques temáticos e das estâncias turísticas, que mobilizariam multidões cada vez maiores e investimentos milionários, oferecendo sempre a mesma coisa em diferentes partes do mundo.

É interessante considerar como alguns dos mais eminentes pioneiros da arte moderna, principalmente dentre os surrealistas, se deram conta do extraordinário potencial artístico do cinema. Assim como os cubistas haviam buscado reproduzir com seus pincéis a mobilidade, a versatilidade, o dinamismo e a descontinuidade com que a câmera de filmar capta e transforma a realidade, havia a opção, muito óbvia, de usar a própria filmadora para repassar versões "cubis-

tas" do mundo para o grande público dos cinemas. O que foi tentado e gerou experiências de notável densidade artística, em especial por cineastas europeus como Abel Gance, Buñuel, Dziga Vertov e Eisenstein, capazes de desafiar as convenções da percepção e abrir novas possibilidades de compreensão e interpretação dos fatos e processos. Mas esses experimentos nunca conquistaram as multidões. O modelo norte-americano acabou prevalecendo e o cinema ficou condenado ao efeito montanha-russa — uma forma de entretenimento cada vez mais infantilizada, mais cheia de *frissons*, de vertigens, de correrias, tiros, bolas de fogo e finais felizes.

Uma das razões para esse desfecho está na etapa seguinte do desenvolvimento tecnológico. As inovações técnicas ocorridas durante e logo após a Primeira Guerra assentaram as bases da eletrônica, multiplicando o potencial de recursos já existentes mas ainda muito limitados, como o cinema, o rádio e o fonógrafo. Implementos eletrônicos, além de permitirem a transmissão de sinais e sons com grande precisão, possibilitaram o aper-

13A E 13B. LUNA PARK DE DIA E À NOITE. CARTÕES-POSTAIS.

INAUGURADO EM 1903, O LUNA PARK FOI CONCEBIDO PARA "NÃO SER DESTA TERRA": CADA VISITANTE ERA ADMITIDO COMO ASTRONAUTA E AVISADO DE QUE "A VIAGEM À LUA A BORDO DO LUNA IV" SERIA INEVITÁVEL. EM POUCO TEMPO PARQUES DE DIVERSÕES COMO STEEPLECHASE, DREAMLAND E LUNA PARK SERIAM REPRODUZIDOS NOS QUATRO CANTOS DO PAÍS E DE TODO O MUNDO.

14. Parque de diversões no lago Ontário.

A partir do sucesso em Manhattan, a chamada Tecnologia do Fantástico, usada para entreter mais de 1 milhão de pessoas por dia nos parques de diversões, se tornou acessível mesmo longe das grandes cidades. Populações rurais puderam adquirir, a preços módicos, sua primeira e muitas vezes única experiência da condição metropolitana.

feiçoamento de sistemas de amplificação, o que os faria passíveis de ser consumidos em mercados de massa. Assim, o fonógrafo se tornaria a eletrola, permitindo que a audiência dos discos passasse do ambiente do lar e da família para os grandes salões de baile, teatros, *music-halls* e grandes *juke-boxes*. O rádio, ao invés de limitado aos fones de ouvido individuais, soaria audível não só para as casas, mas para as ruas, os carros, os bares, os restaurantes, as barbearias. O cinema, mágica das mágicas, além das imagens em movimento, apresentava agora o som sincronizado com as falas e com as ações dos personagens.

Porém, mais importante, a partir desse momento o sistema cultural inteiro adquiria uma nova consistência, na medida em que a eletrônica permitia uma interação sinérgica entre todos esses recursos. Assim, as rádios tocavam as músicas da indústria fonográfica, que por sua vez haviam sido lançadas pelos filmes musicais da indústria cinematográfica, a qual fornecia o quadro de astros e atrizes, de cantoras e cantores cuja vida era escrutinada pelos populares programas de auditório e sessões de fofocas das rádios. Nos intervalos vinham os anúncios comerciais, cujos produtos eram, uma vez mais, associados ao estilo de vida dos protagonistas do cinema, do rádio e do disco. Para completar a cena, nos anos 30 se difunde a criatura-chave do século XX — a televisão —, já na sua versão totalmente eletrônica, com tubo de raios catódicos de grande definição visual.

Essa conjunção emergente configurava um novo fenômeno cultural, que um historiador denominou "a revolução do entretenimento" e um outro teórico anunciou como "a sociedade do espetáculo". Já prenunciado nos grandes parques de diversões, esse estado frenético de disposição apareceria plenamente representado no editorial de uma revista que

15. "Entre a loura e a morena", título brasileiro do filme "The Gang's all Here", de 1943, dirigido pelo coreógrafo preferido da Hollywood de então, Busby Berkeley.

Com esse filme, Carmen Miranda se projetou definitivamente, interpretando composições de Ari Barroso, Leon Rubin e Harry Warren, executadas pelo conjunto Bando da Lua e pela orquestra de Benny Goodman.

16. A PRIMEIRA DEMONSTRAÇÃO DE UM APARELHO DE TV SE DEU EM 1926, PELO ESCOCÊS JOHN LOGIE BAIRD, QUE BATIZOU SEU INVENTO DE "TELEVISOR": A TELINHA EM UMA DAS EXTREMIDADES E A CAIXA DE SOM EM OUTRA.

se tornaria o órgão oficial dessa mentalidade: a *Vanity Fair*, de Nova York, lançada precisamente em 1914, no contexto da irrupção da Primeira Guerra. O objetivo do novo magazine, segundo seu editor, seria refletir e alimentar o estado de espírito que tomava conta da civilização industrial: "uma crescente devoção ao prazer, à felicidade, à dança, ao esporte, às delícias do país, ao riso e a todas as formas de alegria".[3] Essa atmosfera fremente e desejante, que galvanizava as imaginações e atravessava as divisões sociais, se tornaria um imperativo de mercado: o que quer que atendesse aos seus apelos seria favorecido com lucros e sucesso, o que a confrontasse seria punido com prejuízos e desgraça.

O pano de fundo dessa revolução do entretenimento, que redefine o padrão cultural das sociedades urbanas do século XX, é a dissolução da cultura popular tradicional, causada pela migração em massa dos trabalhadores das áreas rurais para as grandes cidades. Essa inserção de contingentes cada vez maiores de populações camponesas nas áreas urbanas, onde são reduzidas aos imperativos disciplinadores da condição operária, extirpa as formas de transmissão da cultura tradicional, todas elas presas às raízes locais dos campos e das práticas agrícolas, dependentes dos ciclos da natureza e dos seus simbolismos mítico-poéticos milenares. Todo esse complexo legado cultural é diluído num conjunto de fórmulas padronizadas, de extensão, duração e efeito calculados, para terem preço mínimo em função de uma ampliação máxima do seu consumo.

17. Os primeiros aparelhos de TV custavam tanto quanto um carro. A partir de 1949, foram se tornando cada vez mais acessíveis, como este modelo feito de baquelite, o Bush TV12.

Subsistem ainda elementos da cultura popular, que são metodicamente selecionados e incorporados pela indústria do entretenimento, mas eles estão descontextualizados, neutralizados e encapsulados em doses módicas, para uso moderado, nas horas apropriadas. Seu fim não é o êxtase espiritual dos rituais populares tradicionais, mas propiciar a seres solitários, exauridos e anônimos a identificação com as sensações do momento e com os astros, estrelas e personalidades do mundo glamouroso das comunicações. Além, é claro, de preencher o vazio de sua vida emocional e o tédio das rotinas mecânicas com a vertigem dos transes sensoriais e experiências virtuais de potencialização, multiplicação e superação dos limites de tempo e espaço. Tudo calculado, compactado e servido ao custo de um tostão.

Segundo a análise do teórico Marshall McLuhan, a sociedade tradicional, assentada

80 CAPÍTULO II **Máquinas, massas, percepções e mentes**

no âmbito rural e na oralidade, estabelecia um ambiente cultural de predominância acústica, auditiva, em que todas as relações sociais eram intensificadas por rituais que acentuavam o presente, a simultaneidade e a riqueza de cada instante. A introdução da imprensa mecanizada, nascida com os tipos móveis de Gutenberg, consolidou uma cultura centrada na visão e baseada no primado da sucessão temporal em cadeia linear, enfatizando valores abstratos, racionais, hierárquicos, cumulativos, e o anseio pelo futuro. O recente advento das técnicas eletroeletrônicas reformulou esse contexto ao atribuir um novo papel ao olhar, não mais estático como aquele condicionado pela imprensa e pela perspectiva linear do Renascimento, mas um olhar agora onipotente e onipresente, dinâmico, versátil, intrusivo, capaz de se desprender dos limites do tempo e do espaço, como aquele da câmera de cinema. A esse olhar alucinado, os recursos eletroeletrônicos acrescentaram os potenciais do som amplificado e distorcido, repondo ao conjunto os efeitos de simultaneidade, de descontinuidade, da interatividade de fragmentos autônomos, ademais da conectividade táctil de um mundo invadido pelas multidões, pelos fluxos e pelas mercadorias.[4]

Como elemento contingente dessas transformações complexas, a cultura é redefinida por um processo de comercialização, transformada num campo de investimentos, especulação e consumo como qualquer outro. Seu mecanismo básico de funcionamento é aquele revelado de forma pioneira pela montanha-russa e o cinema. McLuhan, uma vez mais, definiu-o com rigorosa precisão:

> Em experimentos nos quais todas as sensações externas são bloqueadas, o paciente desencadeia um furioso processo de preenchimento ou substituição dos sentidos, que é a alucinação em forma pura. Do mesmo modo, a excitação de um único sentido tende a provocar um efeito de hipnose, equivalente à maneira

CAPÍTULO II Máquinas, massas, percepções e mentes

como a privação de todos os sentidos tende a produzir visões.[5]

Portanto, mais que mera diversão ou entretenimento, o que essa indústria fornece, ao custo de alguns trocados, são porções rigorosamente quantificadas de fantasia, desejo e euforia, para criaturas cujas condições de vida as tornam carentes e sequiosas delas. Como disse outro teórico, Guy Debord, essa indústria se esforça por compensar o extremo empobrecimento da vida social, cultural e emocional, arrebatando as pessoas para uma celebração permanente das mercadorias, saudadas como imagens, como novidades, como objetos eróticos, como espetáculo, enfim.

Entendido na sua totalidade, o espetáculo é tanto o resultado quanto o objetivo do modelo de produção dominante. Não

18. Embora monocromática e com tela pequena, a TV se tornou um sucesso que esvaziou sensivelmente as plateias dos cinemas. A indústria cinematográfica reagiu, explorando novos recursos de som, filmagem e projeção: CinemaScope, Cinerama e 3-D, processo lançado pela Polaroid Company, em 1952, que exigia o uso de óculos especiais de papel bicolor para se obter a sensação de três dimensões.

19. "Da caixa para o forno — 25 minutos depois, um peito de peru pronto para comer, em sua própria bandeja de alumínio."
Propaganda norte-americana de 1953: refeição congelada, a "tendência revolucionária", servida no mesmo recipiente em que é aquecida para ser consumida diante da TV.

é algo acrescentado ao mundo real — não é um elemento decorativo, por assim dizer. Ao contrário, constitui o próprio coração da realidade irreal dessa sociedade. Em todas as suas manifestações específicas — notícias ou propagandas, anúncios ou o consumo de quaisquer formas de entretenimento —, o espetáculo concentra o modo dominante de vida social. Ele é a celebração onipresente de uma escolha *já feita* na esfera da produção e o resultado consumado dessa escolha. Tanto na forma como no conteúdo, o espetáculo serve como justificação total para as condições e as metas do sistema existente. Ele ademais assegura a *presença permanente* dessa justificação, pois governa praticamente todo o tempo despendido fora do processo de produção.[6]

Para uma cultura orgulhosa de se representar como a herdeira das tradições civilizadoras dos gregos e romanos, do humanismo renascentista, do racionalismo da Ilustração e das instituições liberais-democráticas do século XIX, essa metamorfose tem sido um golpe intolerável em sua autoestima, o que a mantém relutante em aceitar o diagnóstico — aversão que a induz a renegar neuroticamente sua condição, reproduzindo imagens alienadas e fantasmáticas de si mesma e recorrendo às fórmulas mais aberrantes de representação espetacular. Raramente se ouve a voz de críticos lúcidos, como Neil Postman, com seu tom perturbadoramente profético:

> Quando toda uma população vê suas atenções atraídas pelo trivial, quando a vida cultural é redefinida como uma sucessão perene de entretenimentos, quando toda conversação pública séria se torna um balbucio infantil, quando, em suma, um povo vira plateia e seus negócios públicos um número de teatro de revista, então a nação se acha em risco: a morte da cultura é uma possibilidade nítida.[7]

Da ditadura publicitária à pop art

E quantas vezes a cultura do século XX não morreu, ou melhor, não foi assassinada, nesse período turbulento que o historiador Eric Hobsbawm chamou de " era dos extremos"? Pois foram as instâncias de poder que em primeiro lugar se valeram desse pendor contemporâneo para a ilusão. Instâncias que correspondiam à interação entre os sólidos interesses econômicos e os grupos políticos articulados ao redor de plataformas que refiguravam as pessoas como heróis, suas lutas como épicas, os inimigos como demônios e a vitória final como a liberdade e a felicidade conquistadas num campo de batalha sangrento e fumegante. Nas palavras de Guy Debord,

> A negação absoluta da vida, na forma de um paraíso falacioso, não é mais projetada nos céus, mas encontra seu lugar no con-

84 CAPÍTULO II Máquinas, massas, percepções e mentes

texto da própria vida material. O espetáculo é portanto uma versão tecnológica do exílio dos poderes humanos num "mundo superior a este" — e a perfeição é alcançada graças à separação entre os seres humanos.[8]

Essa fórmula básica, que propunha o reino prometido em troca da estigmatização, exclusão, perseguição e até do extermínio de grupos humanos específicos, foi a primeira a fazer um uso intenso e sistemático dos novos recursos eletroeletrônicos de comunicação e das técnicas da publicidade moderna. A receita consistia em opor, em duelo mortal, uma grande generalidade passível de receber representação épica e heroica — uma "nação", uma "raça", uma "cultura", uma "tradição", uma "civilização", uma "filosofia", uma "ciência" — que se opunha aos segmentos apresentados como egoístas, sectários, renegados, subversivos, estrangeiros, impuros, contaminadores, degenerados e perversos. Tais grupos poderiam ser representados como uma classe social, uma etnia, uma religião, uma doutrina, uma tara, uma patologia, um arcaísmo ou, no melhor dos casos, tudo isso ao mesmo tempo.

A utilização coordenada da imprensa, do cinema, de canções, rádio, pôsteres, slogans, imagens, cores, símbolos, monumentos, performances e rituais espetaculares em espaços públicos propiciou a esses grupos poderes de comunicação, sedução e apoio político entusiástico em escala jamais vista. Nas décadas de 1920, 30 e 40, Estados potencializados por esse virtual monopólio das novas tecnologias comunicacionais instituíram práticas de política cultural concebidas como autênticas engenharias de imaginações, emoções, desejos e comportamentos. Estados baseados nesse arcabouço eletroeletrônico e em efeitos espetaculares assumiram diferentes feições, cada qual com suas características peculiares, desde as nazifascistas e stalinistas da Europa até o populismo autoritário de Roo-

CAPÍTULO II **Máquinas, massas, percepções e mentes** 85

sevelt na América e as fórmulas híbridas das nações periféricas, como Juan Carlos Perón na Argentina e Getúlio Vargas no Brasil.

Após 1945, a instauração da Guerra Fria reformularia o jogo político em termos, literalmente, de um duelo de propaganda. O núcleo das potências capitalistas de um lado e, do outro, o bloco soviético, separados simbolicamente pelo muro de Berlim, manteriam seu enfrentamento por meio do controle das comunicações, da política cultural e dos sistemas educacionais, na medida em que o advento das armas atômicas tornava o conflito direto inviável. Macarthismo e stalinismo se representavam como os únicos dialetos em que podia ser articulado qualquer discurso público ou prática cultural. Nas periferias do mundo, o confronto se desdobrava em violência desenfreada, por meio de ditaduras brutais e guerras genocidas em que eram testados os últimos prodígios da corrida armamentista, incluindo armas químicas, biológicas e mísseis teleguiados de grande impacto destrutivo. Os massacres diários nas periferias se traduziam em duelos estatísticos na linguagem publicitária da Guerra Fria.

A rebelião juvenil dos anos 60 — catalisada pela resistência obstinada à intervenção norte-americana no Vietnã e pelo repúdio à repressão da Primavera de Praga pelas tropas soviéticas — abriu um campo de representação cultural autônomo, desvinculado da polarização da Guerra Fria. A indignação, o idealismo, a generosidade e a disposição de sacrifício dos jovens, associados às suas mensagens de humanismo, pacifismo e espontaneidade no retorno aos valores da natureza, do corpo e do prazer, da espiritualidade, abalaram o campo político estagnado e os transportaram para o centro do espetáculo. Sua palavra de ordem, "Faça amor, não faça a guerra", seguia a fórmula concisa e lapidar dos slogans publicitários e era acompanhada do símbolo oriental de uma forquilha invertida dentro de um círculo, caracterizando um logotipo, o que demonstra

20. Manifestação contra a Guerra do Vietnã em frente ao obelisco monumental em Washington, em 1971. O símbolo pacifista tomou o lugar das estrelas, na bandeira norte-americana.

21. Depois do confronto violento entre polícia e estudantes na "noite das barricadas", entre 10 e 11 de maio de 1968, as centrais sindicais e os partidos de esquerda conclamaram greve geral de solidariedade em toda a França. Apesar da crise política que se deflagrou, as eleições de junho reiteraram a vitória do conservadorismo.

quanto os jovens se apropriaram de técnicas que regiam o universo das mercadorias.

É claro que o mercado se aproveitaria dessa ambivalência para fazer exatamente o oposto, isto é, para incorporar o prestígio da rebelião juvenil e usá-lo para dotar os artigos de consumo de um charme pretensamente "irreverente" e "desreprimido". Essa estratégia se revelaria em peças publicitárias famosas, em tom de suposta contestação, como "A liberdade é uma calça velha, azul e desbotada", para promover a venda de roupas de brim, ou "Corra para bem longe da sua casa" (abusando do célebre mote hippie *"turn on, tune in, drop out"*, "se ligue, pire e caia fora"), criado para impulsionar a venda de tênis esportivos apropriados para corridas e *jogging*.

Graças, pois, ao modo como as novas gerações se voltaram para valores sensoriais, sensuais e espirituais, forças econômicas até então submetidas ao dualismo redutivo da atmosfera política puderam tanto se despren-

CAPÍTULO II **Máquinas, massas, percepções e mentes** 87

der da tutela do Estado como investir a mercadoria de uma aura de glamour e sensação, recolocando-a no âmago do imaginário cultural, recoberta pelos novos vernizes da juventude, do hedonismo e da liberdade de escolha. Não por acaso a cor da moda se torna o "*shocking pink*", o rosa-shocking, de perturbadora sugestão genital, aplicado ampla e generosamente às roupas e recursos de maquiagem, aos objetos pessoais, à decoração de ambientes, ao mobiliário, aos eletrodomésticos, aos carros, às embalagens, e também, é claro, aos doces, sorvetes e confeitos. O que levou um grupo de artistas a expandir esse cinismo ao extremo, pintando de rosa-shocking um tanque de guerra.⁹

Assim, as ditaduras da moda, do estilo e do consumo, todas baseadas numa mul-

22. Quando os universitários de Paris saíram às ruas no começo de maio de 1968, protestavam contra a política obscena que promovia a Guerra do Vietnã e as disparidades sociais.

Manifestavam ainda seu descontentamento com o ultrapassado sistema de ensino e as más condições das universidades.

23. A crescente insatisfação com o totalitarismo soviético levou Alexander Dubcek ao cargo de primeiro-secretário do Partido Comunista Tchecoslovaco em janeiro de 1968.

Em 21 de agosto as tropas russas invadiram o país, pondo fim ao programa de reformas do "socialismo com rosto humano" proposto por Dubcek.

24. "Le Mazelle declara guerra às coisas comuns."

Propaganda brasileira de confecção de roupas femininas, de maio de 1968.

25. "Mas o que é que faz as casas de hoje tão diferentes, tão atraentes?"

Cartaz da exposição "Isto é amanhã", célebre acontecimento na cena artística londrina em 1956. Teto lunar, presunto em lata sobre a mesa, símbolo da Ford no abajur, moça ao telefone na tela da TV, gravador de rolo etc., o inventário do consumo e da cultura popular urbana na sala de visitas, na colagem do artista inglês Richard Hamilton.

tiplicidade crescente e opressiva de opções, substituiriam a lógica dual da Guerra Fria, cujo ato final, assinalado sintomaticamente por um carnaval de imagens, se deu com a queda do muro de Berlim em 1989. Essa ebulição sísmica da mercadoria já vinha sendo registrada e denunciada, com um corrosivo senso de ironia e sarcasmo, pela pop art, desde o início dos anos 50. Artistas como Richard Hamilton, Eduardo Paolozzi, Robert Rauschenberg, Roy Lichtenstein, Claes Oldenburg e Andy Warhol perceberam que a mercadoria havia assumido o centro da cena cultural, apoiada em dois processos básicos: sua abstração em ícones visuais sedutores pela publicidade, em especial pela TV, e a transformação do consumo num ato simultaneamente "libertador" e substitutivo dos desejos reprimidos. De modo que, na sociedade da mercadoria, o consumismo seria proposto como a terapia por excelência para aliviar o mal-estar gerado pela própria essência desse sistema, centrado no mercado, e não nos valores humanos.[10]

A Revolução Microeletrônica e o Motim de Tompkins Square

Juntemos agora esses três fenômenos fundamentais: a ascensão da cultura da imagem e do consumo, a desregulamentação dos mercados e a retração do Estado, com a progressiva desmontagem de seus mecanismos de distribuição e apoio social, promovidos pela era Reagan (1981-89) e Thatcher (1979-90) — e, por trás disso tudo, como seu elemento propulsor, a revolução microeletrônica e digital. O resultado é uma situação na qual as imagens são mais importantes do que os conteúdos, em que as pessoas são estimuladas a concorrer agressivamente umas com as outras, em detrimento de disposições de colaboração ou sentimentos de solidariedade, e na qual as relações ou

26. Sem título.

Colagem de 1949 do escocês Eduardo Paolozzi, um dos precursores da pop art. Para o artista, "os símbolos podem ser integrados de diversas maneiras. O relógio como uma máquina de calcular ou uma joia, uma porta como um painel ou um objeto de arte, a máquina fotográfica como um luxo ou uma necessidade".

comunicações mediadas pelos recursos tecnológicos predominam sobre os contatos diretos e o calor humano. É um mundo sem dúvida vistoso, mas não bonito; intenso, mas não agradável; potencializado por novas energias e recursos, mas cada vez mais carente de laços afetivos e de coesão social.

Um dos diagnósticos mais agudos sobre a natureza dessa situação foi formulado pelo artista e músico Brian Eno em 1979, quando ele se mudou para a área mais badalada de Nova York, junto ao bairro de Greenwich Village, onde viveria pelos cinco anos seguintes. Ali a comunidade artística convive numa fronteira estreita com a área da Bolsa de Valores e o mercado da nova economia, centrada desde 1971 na Bolsa Nasdaq. Por conta dessa concentração de riquezas e oportunidades, a região atraiu uma enorme população de yuppies, gente muito jovem que em pouquíssimo tempo acumulou grandes fortunas especulando com os potenciais da economia virtual.[11]

Como a área vizinha sempre foi associada às atividades portuárias e como os portos por todo o mundo decaíram em função das inovações técnicas que baratearam os custos do transporte aéreo, os antigos prédios, que eram armazéns de estocagem de mercadoria, foram convertidos em amplos apartamentos de luxo, os *lofts*. Ao seu redor, atraídos pela riqueza dessa gente, proliferaram galerias de arte, joalherias e butiques sofisticadas.

Ao mesmo tempo, grandes contingentes de desempregados foram também atraídos pela mesma e imensa prosperidade. Eram gente de todos os cantos do país, tornada "obsoleta", ou imigrantes do Terceiro Mundo, incitados pelas possibilidades de se alojar clandestinamente nos prédios desativados ou de se estabelecer nas praças e ruas vizinhas. Para eles, a grande vantagem estava em que ali poderiam viver dos excessos prodigiosos do consumo que aquela camada de novos-ricos descartava todo dia, abundantemente, em suas lixeiras. O sul da ilha de Manhattan se tornou, nes-

CAPÍTULO II **Máquinas, massas, percepções e mentes** 91

ses termos, uma espécie de cenário que sintetizava o conjunto de transformações que assolavam o mundo nesse fim de século, acentuando as desigualdades e os conflitos sociais.

Poucos dias depois de ter chegado ali, em fins de dezembro de 1979, sob os rigores do inverno nova-iorquino, Brian Eno relatou o seguinte episódio, altamente revelador de um novo mundo e de uma nova sensibilidade em formação:

> Eu estava me divertindo muito naquele momento, mas não conseguia deixar de sentir que havia um tipo peculiar de empobrecimento essencial se manifestando naquela sociedade para a qual eu havia me mudado. Do que exatamente se tratava, ficou claro para mim num dia em que fui convidado ao loft glamouroso de uma celebridade — um projeto arquitetônico e decorativo de cerca de 2 milhões de dólares, localizado numa área tensa da cidade. Tivemos que saltar entre os montes de mendigos que abarrotavam a entrada do prédio, depois de atravessar aos solavancos aquelas ruas abarrotadas de dejetos, num táxi caindo aos pedaços, até que conseguimos entrar naquela ostentação de luxo totalmente decadente. Durante o jantar eu perguntei à nossa anfitriã: "Você gosta de morar aqui?". "Mas claro", ela respondeu, "este é o lugar mais adorável em que já morei em toda a minha vida."
>
> Logo me dei conta de que o "aqui" em que ela morava terminava na porta de entrada da casa. Essa era uma maneira de pensar totalmente estranha para mim. O meu "aqui" inclui no mínimo toda a vizinhança. Depois dessa experiência, passei a reparar que a comunidade desses jovens envolvidos no mercado artístico de Nova York tinha a mesma estreiteza no que se referia à sua acepção de "agora". "Agora" para eles significava "esta semana". Todos eles tinham acabado de chegar ali e estavam dispostos a ir para qualquer outro lugar a qualquer momento. Ninguém se dispunha

27. Margaret Thatcher comemorando dez anos no Ministério Britânico, em 1989. Suas manobras de desregulamentação e desmontagem do Estado de bem-estar social atribuíram ao seu governo um cunho autoritário crescente.

a nenhum investimento em qualquer tipo de futuro a não ser o deles mesmos, concebido nos termos mais estreitos que se possa imaginar.

Escrevi então no meu diário, naquele mês de dezembro: "Cada vez mais eu sinto que quero morar num Grande Aqui e num Longo Agora". [12]

A preocupação de Brian Eno é mais do que sintomática. De fato, o que ela indica é o oposto de seu desejo: o fato de que somos dragados cada vez mais rápido e cada vez mais fundo para um mundo cada vez mais retraído num Pequeno Aqui e num Curto Agora. Além, é claro, do fato de as pessoas estarem cada vez mais indiferentes ao destino de seus próximos ou a qualquer senso de convívio, de comunidade ou de solidariedade. As pessoas vão se fechando num "nós" cada vez mais exclusivo, tendendo a se restringir, no limite, a um "eu" conectado numa rede infinita de circuitos virtuais. Casais que se falam por meio de secretárias eletrônicas, pais que se comunicam com os filhos pela Internet, professores que ensinam por teleconferência a alunos que respondem por e-mail. Ao redor deles, um mar de gente relegada, sucateada como máquinas obsoletas, abandonada ao relento.

Pouco depois de Brian Eno deixar Nova York, as circunstâncias se precipitaram. O aquecimento furioso do mercado de especulação imobiliária no sul de Manhattan, onde as fortunas se multiplicavam a um toque nos botões eletrônicos, atingiu o paroxismo. Os agentes especuladores, numa avidez por lucros nunca vista, começaram a pressionar a polícia para que ela desalojasse os moradores clandestinos, as populações das ruas e praças e as legiões de pobres e desempregados vivendo como nômades urbanos, que iam ali coletar os desperdícios dos ricos. Atacada sistematicamente, a população carente do sul de Manhattan reagiu.

Os dois grupos, os despossuídos e a polícia, se enfrentaram numa ampla área pública que ambos disputavam, a Tompkins Square — a mesma praça que, em janeiro de 1874, fora palco de um famoso enfrentamento entre desempregados e polícia. Desta vez, a polícia com cassetetes gigantes, bastões de choque elétrico, algemas, bombas de gás, cães, cavalaria e helicópteros; a população de rua com panelas, com as latas de alumínio que recolhiam e os carrinhos de supermercado em que arrastavam seus cobertores e agasalhos. Era uma luta desigual, desencadeada e vencida pelos que queriam afirmar uma nova ética baseada na desigualdade. Aconteceu em 1989 e ficou conhecida como o Motim de Tompkins Square, marcando o início da política repressiva chamada de "tolerância zero". Seu objetivo era transformar grande parte da população "obsoleta" em população carcerária, com predominância das comunidades negra e latina e imigrantes em geral. Num sentido muito preciso, esse motim significou também o fim de uma era, lançando as raízes do novo século.[13]

CAPÍTULO III
Meio ambiente, corpos e comunidades

O assalto à natureza

Um dos impactos mais inquietantes das novas tecnologias tem sido o seu efeito sobre o meio ambiente. Desde a primeira fase da industrialização, as ilhas Britânicas, que foram a sua base inicial em fins do século XVIII, ficaram marcadas pelas amplas emissões de gases e de poluentes, fazendo com que as pessoas se referissem à "Inglaterra verde", aquela onde as fábricas ainda não haviam se instalado, e à "Inglaterra cinza", indicando as regiões onde os resíduos expelidos pelas chaminés haviam sufocado a paisagem das cidades e dos campos sob um monótono tom pardacento e uma densa neblina de fumaça. A situação se agravou muito mais no final do século XIX com a segunda onda industrial, quando se difundiu a utilização dos derivados de petróleo, surgiram os veículos com motores de combustão interna, as indústrias químicas e os equipamentos de grande consumo energético nas fundições, nas siderúrgicas e nas usinas termoelétricas. Desde então esse assalto dos resíduos industriais sobre a natureza, os oceanos e a atmosfera só cresceu, em escala exponencial.

Assim, o quadro, nesta passagem de século, é dos mais alarmantes. Uma das características do grande salto tecnológico e de

CAPÍTULO III Meio ambiente, corpos e comunidades

1A E 1B. Vista de Stoke-on-Trent, centro produtor de louça e cerâmica inglesa, durante o período de uso industrial do carvão (final do século **XIX**) e depois do advento do gás e da eletricidade (início do século **XX**). A transição tecnológica muda as condições de visibilidade, as características dos agentes poluentes e o seu impacto ambiental.

produtividade obtido após a Segunda Guerra Mundial foi o desenvolvimento de uma enorme gama de produtos químicos sintéticos. Atualmente existem mais de 100 mil desses produtos em circulação, sendo que mais de mil fórmulas novas são introduzidas a cada ano que passa. Como são todos de criação relativamente recente, pouco se sabe sobre seu efeito de longo prazo nos seres humanos ou na natureza. Um dos tipos mais preocupantes dentre esses produtos são os chamados pesticidas, na medida em que sua característica é a de serem mais eficazes quanto mais tóxicos são e quanto mais conseguem interagir com estruturas biológicas variadas. Ademais, eles são usados sempre em grandes quantidades e lançados sobre vastas extensões territoriais. Uma vez aspergidos, são levados pelos ventos e pelas águas subterrâneas e incorporados por plantas, insetos, animais e pessoas. Nada escapa deles e eles não desaparecem, só se recombinam. Apenas nos Estados Unidos, são atualmente aplicados mais de 3 bilhões de quilos de pesticidas por ano.[1]

CAPÍTULO III **Meio ambiente, corpos e comunidades** 97

Esse é só um caso entre uma infinidade de outros. A situação atual é tão complexa, que levou o sociólogo inglês Anthony Giddens a elaborar a seguinte lista de precauções que deveriam ser tomadas por quem quisesse tentar minimizar o risco de contaminação para si e sua família:

Monitore continuamente o conteúdo de todo tipo de água que você consuma: qualquer que seja a fonte de que ela provenha, pode estar contaminada. Nunca aceite tranquilamente que a água engarrafada seja segura, ainda mais se ela estiver em garrafa plástica. Destile a água que você vai consumir em casa, pois a maior parte dos serviços de água encanada costuma estar contaminada. Tome cuidado com tudo o que você come. Evite peixe, que é uma fonte preferencial de contaminação, assim como as gorduras animais, quer estejam no leite, nos queijos, na manteiga ou na carne. Compre frutas e legumes produzidos organicamente ou plante-os você mesmo. Reduza ao mínimo possível o contato entre os alimentos e os plásticos. As mães deveriam considerar o abandono do aleitamento no peito, já que ele expõe os bebês a um alto risco de contaminação.

Lave as mãos frequentemente ao longo do dia, pois os agentes contaminadores evaporam e assentam em todas as superfícies no interior das casas, impregnando-se nas pessoas a qualquer mínimo contato. Nunca use inseticidas ao redor da casa ou no jardim e evite entrar em casas onde eles são usados. Jamais compre quaisquer produtos de lojas ou supermercados sem verificar se eles vaporizam as mercadorias com pesticidas, o que é uma prática amplamente difundida. Afaste-se dos campos de golfe, pois eles se tornaram densamente contaminados, mais ainda do que as fazendas.[2]

98 CAPÍTULO III **Meio ambiente, corpos e comunidades**

Parece chocante, não é? O que é que sobrou para fazer, beber ou comer que não esteja sob o risco da toxidez e do envenenamento? O fato é: muito pouco. Se essas precauções lhe soam muito pessimistas e até catastróficas, considere as pesquisas feitas pela equipe da bióloga Theo Colborn, reunindo dados colhidos em sessenta estudos realizados em diferentes pontos do globo. Esses cientistas procuraram observar os efeitos tóxicos causados por produtos químicos industriais e o seu impacto sobre o sistema hormonal de diferentes animais e de seres humanos. Seus estudos se concentraram sobre os mais comuns — o DDT, os PCBs e a dioxina —, mas deixaram bem claro que existem cerca de cinquenta outros produtos que atacam o sistema endócrino, acumulando-se no corpo ao longo da vida e sendo transmitidos de pais para filhos. Esses produtos estão por toda parte e são presenças banais no cotidiano das pessoas: detergentes, desinfetantes e outros produtos de limpeza, plásticos, sprays e assim por diante.

Pois bem, os estudos se concentraram em três grupos: aves, lontras e peixes. Algumas conclusões, apenas como exemplo, revelaram que as águias do sudoeste dos Estados Unidos se tornaram maciçamente estéreis; as lontras praticamente sumiram das ilhas Britânicas, onde costumavam ser abundantes; e as gaivotas que pescavam arenques na região do lago Ontário começaram a dar à luz filhotes com deformações grotescas. Por toda parte onde pesquisaram, esses biólogos constataram grupos de animais que apresentavam declínio acentuado de fertilidade, apontando para a própria extinção da espécie, deformações aberrantes sobretudo dos órgãos reprodutores e outras anormalidades congêneres.

Mas o que é pior: eles desenvolveram também estudos sobre a relação entre o declínio do esperma e o crescimento dos índices de câncer dos testículos em seres humanos. Sua constatação foi a de que entre 1938 e 1990, em populações ao redor de todo o mundo,

2. De 1780 até o começo do século XX, o norte do País de Gales foi o principal fornecedor europeu de ardósia para piso e cobertura.

O aproveitamento dessa pedra de conformação muito variável implicava dispensar no ambiente boa parte do material prospectado e, ao longo do tempo, formaram-se montanhas de resíduos, como a que se vê na foto, atrás das casas da cidade de Blaenau Ffestiniog.

os níveis de esperma caíram praticamente à metade, equivalendo a um aumento agudo do câncer testicular. Afora um crescimento extraordinário de anormalidades genitais em meninos e adolescentes. Quanto de tudo isso se deve a quais agentes químicos industriais e em que circunstâncias ocorre a contaminação é algo difícil de precisar. Para esse estudo seria necessário contrapor o grupo pesquisado com um grupo de controle, isento de contaminação. Mas o triste fato é que não foi possível encontrar em nenhum ponto da Terra, por mais distante e remoto que fosse, mesmo entre os esquimós do polo norte, algum grupo que vivesse em algum ambiente ainda não contaminado por produtos químicos industriais.[3]

3. O depósito de lixo industrial nos vales do rio Cubatão e do ribeirão dos Pilões, no Parque Estadual da Serra do Mar, em São Paulo, foi desativado na década de 1970.

Desde então a paisagem vem se recompondo, mas sob a vegetação permanece integralmente a herança dos tempos macabros, como esse recipiente de produto químico ainda engarrafado.

O princípio da precaução

Esse é o fato mais problemático da nossa presente situação: não apenas é patente que o meio ambiente está saturado de produtos tóxicos, mas, o mais grave, não sabemos exatamente qual é o impacto de longo prazo que esse quadro terá sobre a nossa espécie e as demais. Estamos no escuro, tanto pela amplitude como pela condição recente desses fenômenos. Como diz a bióloga Theo Colborn:

> As alterações que estamos observando funcionam como uma espécie de experiência em âmbito global — com a humanidade e todas as formas de vida da Terra atuando como cobaias... Novas tecnologias são concebidas numa velocidade estonteante e postas em prática numa escala sem precedentes no mundo inteiro, muito antes de podermos avaliar seu possível impacto sobre os sistemas naturais ou sobre nós mesmos.[4]

Um estudo como esse evidencia o novo dilema posto pelos recentes desenvolvimentos científicos e tecnológicos. Por um lado, com o propósito de fomentar o controle da natureza, a ciência e a tecnologia não raro acabam gerando efeitos que envolvem riscos difíceis de avaliar, pela amplitude de sua escala e pelo inusitado de situações com as quais nunca tivemos que lidar em toda a história pregressa e para as quais, portanto, não temos nem experiência nem compreensão. Por outro lado, para uma criteriosa avaliação da situação e para a formulação de alternativas, a ciência e a técnica são ferramentas indispensáveis.

Logo, não se trata de condenar pura e simplesmente cientistas e técnicos por falta de responsabilidade, mas de entender como funcionam as políticas que controlam as decisões sobre as pesquisas e os processos produtivos. Nesse sentido e ao mesmo tempo, é

CAPÍTULO III **Meio ambiente, corpos e comunidades** 101

necessário pressionar pela definição de práticas científicas que estejam atentas às incertezas presentes nos sistemas complexos e, portanto, que considerem seriamente os limites dentro dos quais se dá a produção dos conhecimentos. Essas seriam as condições necessárias para o estabelecimento de um tipo de ciência dotado de alto senso de responsabilidade e alerta para a vulnerabilidade e as peculiaridades do meio ambiente e dos seres humanos.

O maior obstáculo à formulação dessa ciência responsável é, uma vez mais, o modo como no panorama atual as grandes corporações escaparam do controle de órgãos reguladores e dos grupos de pressão da sociedade civil. Conforme vimos, na medida em que desfrutam de uma condição privilegiada, isentas do controle do Estado e infensas às demandas da sociedade, elas se tornaram o principal agente indutor das políticas de ciência e tecnologia. Dados os constantes e crescentes cortes de financiamentos para as universidades e institutos de pesquisa, a alternativa deixada a essas instituições é buscar recursos junto às grandes corporações. A prioridade das megaempresas, por sua vez, é a valorização de suas ações, o que implica compromissos com grupos minúsculos de acionistas e com planilhas de prazos muito curtos, completamente indiferentes a entidades tão amplas como a humanidade e o planeta ou como o futuro distante. Assim, em vez de ser responsável, a ciência é levada a ser rentável.

Se algum cientista isolado ou algum grupo independente revela que determinado produto ou procedimento é nocivo para o ambiente ou os seres humanos, as grandes corporações dispõem logo dos recursos necessários para financiar estudos na direção oposta, desmoralizando os cientistas autônomos e desqualificando os resultados de suas experiências. Além, é claro, de tirar todo o proveito de seu vultoso potencial econômico para gastar generosamente em publicidade e negociar o apoio de setores significativos da imprensa e das instituições políticas e

4. Dr. Arpad Pusztai, geneticista britânico forçado a se aposentar em julho de 1998 por ter encontrado evidências de danos provocados em órgãos vitais em ratos de laboratório alimentados com batata geneticamente modificada. O episódio veio à tona em fevereiro do ano seguinte, quando cientistas de 13 países pediram sua reabilitação, depois de estudar e comprovar os resultados da sua pesquisa. Só então o governo de Tony Blair mudou a posição favorável aos alimentos geneticamente modificados e suspendeu sua comercialização no Reino Unido.

científicas. Uma vez mais, é um duelo desigual, como sempre o será.

Foi por conta desse desequilíbrio de base que várias ONGs e grupos de pressão da sociedade civil, ao redor do mundo, criaram e aperfeiçoaram o chamado "princípio da precaução". A iniciativa decorreu sobretudo da última grande ameaça ao meio ambiente, surgida na forma de Alimentos Geneticamente Modificados (GMF/Genetically Modified Food) e todo o arsenal de recursos da engenharia genética. O fundamento do princípio da precaução é o de que, quando uma tecnologia ou produto comporta alguma ameaça de dano à saúde pública ou ao meio ambiente, garanta-se que antes de serem liberados eles sejam evitados ou postos de quarentena para maiores estudos e avaliações. Essas medidas seriam tomadas

CAPÍTULO III **Meio ambiente, corpos e comunidades** 103

ainda que não se pudesse avaliar a natureza precisa ou a magnitude do dano que viesse a ser causado pelo processo ou produto em questão. O sentido básico desse mecanismo precautório é: melhor zelar pela segurança do que ter que lamentar (*"better safe than sorry"*). Os três elementos-chave de que se compõe o princípio da precaução são:

1) o reconhecimento de que determinada técnica ou produto envolve algum potencial de risco;

2) o reconhecimento de que pairam incertezas científicas sobre o impacto imediato ou as consequências futuras relacionadas aos usos de determinado produto ou técnica;

3) a necessidade de agir preventivamente em relação aos riscos latentes em quaisquer situações desse tipo.

Assim definido, o princípio da precaução se tornou um item fundamental das reivindicações das ONGs junto aos órgãos reguladores internacionais, estando no topo da agenda das mobilizações populares que marcaram as reuniões da Organização Internacional do Comércio em Seattle e Washington.

O objetivo das ONGs que agitam em nome do princípio da precaução não é simplesmente contestar o desenvolvimento de novos produtos ou tecnologias, mas submetê-los ao primado do interesse público, da defesa do meio ambiente e da saúde e enquadrá-los sob uma ética de máxima responsabilidade. A ideia é que esse princípio se torne uma exigência corrente das populações em todos os cantos do mundo, que seja ensinado às crianças nas escolas e incorporado por toda espécie de órgão regulador. Por trás dele palpita a nítida intenção de rever o papel e as condições que presidem as políticas de pesquisa científica, a disposição de incrementar a participação pública nos debates relativos à saúde e ao meio ambiente e de consolidar uma ética que repõe os seres humanos e a natureza antes dos interesses econômicos.[5]

A engenharia genética e o pesadelo da eugenia

Mas, como se sabe, além de interferir no equilíbrio da natureza e dos ecossistemas do planeta, os avanços da pesquisa em microbiologia permitem atualmente um alto grau de manipulação da própria estrutura genética dos seres humanos. Com os resultados do Projeto Genoma e o mapeamento completo do repertório genético da nossa espécie, a expectativa dos cientistas é, no limite extremo, desenvolver técnicas para projetar homens e mulheres em conformidade com os interesses de quem possa pagar pela encomenda.

É o velho sonho — ou melhor, pesadelo — da eugenia, a ambição de criar super-homens e supermulheres, destinados a se tornar mestres dominadores de uma subumanidade de seres comuns. Foi em nome dessa veleidade que os vários grupos racistas, desde fins do século XIX, alegaram fundamentos científicos para seus programas de discriminação. Seria uma ironia que, agora, os grupos econômicos privilegiados com a grande concentração de renda viessem a assumir o projeto sinistro dos grupos políticos derrotados em 1945. E, uma vez mais, com o apoio de cientistas alheios a qualquer senso de ética ou responsabilidade.

O melhor dos cenários, contudo, é que as técnicas de intervenção genética sejam usadas para detectar e prever malformações e doenças transmitidas pela cadeia de genes; nesse sentido otimista, elas se prestariam apenas a incrementar as condições de sobrevivência e a qualidade de vida das pessoas que delas necessitassem. É assim também que os especialistas em cibernética e em nanotecnologia (engenharia de circuitos em escala microscópica) preveem a criação de recursos e equipamentos que possam ser inseridos ou acoplados ao organismo humano, para ampliar seus potenciais e estender sua existência. É o projeto do chamado cyborg, meio homem e meio máquina, dotado de superpoderes e virtualmente imortal.

Mas claro que, no pior dos casos, esse empreendimento seria uma variante do mesmo desatino eugenista, que tenta seduzir e se utilizar dos geneticistas para realizar sua obsessão de poder e domínio sobre outros seres humanos menos aquinhoados. Assim, os superbebês geneticamente programados, alimentados pela superpapinha de vegetais GMF e implantados de nanocircuitos, tornariam realidade o velho sonho do dr. Mengele e dos ideólogos do Terceiro Reich: criar uma nova raça de senhores, destinada a dominar os povos escravos. Só que a entrada no novo círculo do poder e privilégio não estaria condicionada pela carteirinha do partido, mas pelo volume da conta bancária dos interessados. No passado já se disse que tempo é dinheiro; no futuro provavelmente se dirá que genes são capital.

Antecipando esse espírito, modelos de personagens como o cyborg, o robocop ou os scanners se tornaram típicos de um padrão de filmes comerciais muito difundidos, em especial pela TV e entre o público infanto-juvenil. Já é o processo educativo que se costuma chamar de "formação das almas".

E outro processo de condicionamento dos corpos e mentes que adquiriu uma ascendência cada vez mais preponderante, desde fins do século XIX, ao longo do XX e em direção ao XXI, são os esportes. Prática ainda embrionária no período anterior a 1914, eles tiveram um desenvolvimento exponencial estimulado pela Primeira e Segunda Guerra mundiais, até se tornarem a principal arena simbólica do confronto entre os americanos e o bloco soviético durante a Guerra Fria. Sempre acompanhando de perto o desenvolvimento das novas tecnologias, nas Olímpíadas de 2000 acrescentou-se ao juramento solene que antecede as disputas o compromisso de que os atletas se abs-

106 CAPÍTULO III **Meio ambiente, corpos e comunidades**

tivessem de todo tipo de *doping*, substâncias e intervenções que alteram o corpo, o rendimento físico e os movimentos reflexos. A essa altura já está claro que sem a alteração tecnológica dos corpos e mentes não se terá mais chances em esportes competitivos, não se quebrarão recordes e não se avançará nas estatísticas da "melhoria" da espécie.

Esportes, corpos e máquinas

A respeito das Olimpíadas, aliás, vale a pena um pequeno excurso relativo à história dos esportes. Tornou-se uma prática sistemática, a cada quatro anos em que ocorrem os Jogos Olímpicos, jorrarem, em todos os veículos de imprensa, alusões à Grécia antiga e descrições as mais pormenorizadas sobre como os gregos criaram os esportes, regulamentaram as competições periódicas e desenvolveram o espírito esportivo. De forma que as Olimpíadas modernas não passariam de uma retomada, ainda que tardia, de uma tradição já assentada no berço da nossa civilização e para sempre vinculada aos seus destinos. O problema com esse tipo de formulação não é apenas que ela constitui uma impropriedade em termos históricos, mas sobretudo que ela não somente impede a compreensão da singularidade da cultura grega, como oculta o fato de que o esporte, tal como o conhecemos, é uma criação específica do mundo moderno.

Para os gregos antigos a ideia de disputa, de confronto entre oponentes por meio de performances sucessivas, até que um dos contendores superasse os demais, atingindo um grau de excelência reconhecido e admirado por todos os circunstantes, era um ritual central em sua cultura. Os gregos o denominavam *agon* e faziam com que ele integrasse várias de suas cerimônias, as mais importantes e as mais sagradas. Sim, sagradas, pois o *agon* era uma experiência essencialmente religiosa. Seu objetivo era produzir um efeito epifânico, invocar a irradiação numinosa divina, o *nous*, para

CAPÍTULO III **Meio ambiente, corpos e comunidades** 107

que ele se manifestasse no calor das refregas, pondo a todos em comunhão mística com a energia sagrada.

Na sua origem mais remota, esses rituais tinham um sentido expiatório, associado aos sacrifícios e à morte. Aos poucos passaram a compor também rituais de iniciação, de passagem, de purificação e augúrios. Eles se realizavam em várias partes da Grécia, tais como Delfos, Corinto, Atenas, Argos, Tebas, dentre muitas outras. Sua periodicidade também variava conforme a localidade e a cerimônia, podendo ser anuais, bianuais etc. ou ser convocados em virtude de alguma circunstância excepcional. E, mais importante de tudo, envolviam uma ampla gama de performances: disputas de poesia, flauta, cítara, canto, dança, tragédias, comédias ou recitação épica. Se se tratava de eventos envolvendo força e habilidade física, os mais populares eram a corrida a pé no Olimpo e, acima de tudo, o salto do carro de guerra em disparada, um antigo ritual guerreiro associado à ascensão da realeza, celebrado na Panathenaia, em Atenas.

Em 1896, portanto, quando o barão de Coubertin e a cartolagem franco-britânica decidiram instituir os Jogos Olímpicos modernos, pretendendo que fossem uma continuação da tradição grega, o fato é que àquela altura se tratava de algo completamente diferente. O momento histórico, como vimos, era o da segunda industrialização (baseado na eletricidade e nos derivados do petróleo), da concorrência acirrada entre as potências rivais, da fúria imperialista pela partilha das colônias e da chamada "paz armada", a corrida armamentista que culminaria na carnificina da Primeira Guerra Mundial. Num mundo em que as máquinas, para a produção ou para a guerra, haviam se tornado onipresentes em curtíssimo espaço de tempo, o esporte era o recurso por excelência para o recondicionamento dos corpos às exigências da nova civilização mecânica. Foi esse drama da domesticação dos corpos à preponderância das máquinas que, como já vimos, Charles Chaplin condensou brilhantemente em *Tempos modernos*.

5. "Powerhouse Mechanic", 1925.

Lewis W. Hine foi um dos fotógrafos norte-americanos que documentaram as fábricas gigantescas, de arquitetura impressionante, ambientes abafados e mal iluminados e suas máquinas pesadas. Cenas como essa, de submissão dos homens às máquinas, serviram de inspiração tanto para o filme "Tempos modernos" (1936) quanto para "Metrópolis" (1927), de Fritz Lang.

É por isso que os esportes se baseiam no desempenho físico medido contra o cronômetro, em modalidades de equipe adaptadas à rigorosa coordenação coletiva, articulam-se em organogramas de classes, categorias e rankings e são programados por tabelas progressivas de recordes — equipamentos, sistemas e métodos que os gregos nunca conheceram e nem sequer imaginaram. Nesse sentido, os esportes da nossa época são, de fato, exercícios de produtividade, em perfeita sintonia com os princípios econômicos e os valores morais que regem a nossa sociedade. Basta lembrar que o atleta norte-americano Frederick Winstow Tay-

6. A "Sagração da Primavera".

Bailarinos executam os passos rituais criados por Nijinski: de frente para a plateia, joelhos dobrados, pés espalmados e cabeça de perfil.

lor foi, ao mesmo tempo, o criador dos primeiros manuais de treinamento científico para esportes e o inventor do processo das linhas de montagem para a produção industrial. Mais provavelmente, se quisermos encontrar hoje em dia alguma coisa que evoque algo daquele espírito sagrado que os gregos aplicavam ao corpo e à ação, deveríamos nos voltar para outras práticas, tais como a dança e a música.

Da Sagração da primavera *à consagração da música negra*

A trajetória da música no século XX é das mais surpreendentes, e o seu legado para o XXI é sumamente inspirador. O abalo sísmico que dividiu a história da música (e também a da dança) entre um "antes" e um "depois" foi a turbulenta sessão inaugural da *Sagração da primavera*, de Stravinski (com coreografia de

110 CAPÍTULO III **Meio ambiente, corpos e comunidades**

Nijinski e os dançarinos dos Balés Russos de Diaghliev), em Paris, no ano de 1913, às vésperas da Primeira Guerra Mundial. A partir de então, tudo mudou em relação ao código musical, que se havia definido em função da escala temperada desde o período do Renascimento, assim permanecendo sem grandes alterações até o escândalo devastador daquela histórica noite parisiense. Aquele evento na verdade catalisou mudanças que já estavam em curso, mas o fato é que, acentuado pela guerra que se seguiu, ele praticamente constituiu um rito inaugural, um novo ponto de partida, um marco zero.

As mudanças desencadeadas naquela noite memorável se deram em todos os sentidos e direções possíveis. As experiências foram se multiplicando em busca de outros códigos expressivos, escalas, modos e linguagens. Difundiram-se esforços de pesquisas voltados para outros períodos e outras culturas, com especial interesse nas tradições extraeuropeias da Ásia, da África e das Américas. Ao mesmo tempo, um empenho determinado a incorporar os sons das novas metrópoles, das indústrias e das máquinas, do ruído das ruas, das ferrovias, dos aeroportos e das grandes multidões.

O desafio de experimentar as possibilidades das novas tecnologias eletroeletrônicas, a ampliação, a decomposição, as colagens, as sonoridades projetadas e editadas em laboratórios acústicos, unindo ciência, técnica e arte. E também o anseio de explorar as potencialidades e os efeitos sonoros da voz humana, da natureza, do acaso e do silêncio. Sondagens, portanto, que não só procuravam descondicionar formas tradicionais da percepção auditiva, como se abrir para a busca de materiais sonoros inéditos, de novos efeitos timbrísticos, de variações cromáticas inovadoras, de estratégias compositivas ousadas, acompanhadas de mudanças nas técnicas de notação, regência e execução — enfim, uma transformação completa no sentido social da música e de sua relação com o contexto cultural.

Entretanto, por mais prodigiosa que tenha sido essa aventura criativa da música no âmbito da cultura das elites, foi na esfera popular que se deu a grande transformação. Ela foi promovida pelo advento da indústria fonográfica, do rádio, do cinema e da TV, os quais propiciaram, pela primeira vez, tanto o acesso direto e irrestrito das pessoas comuns à fruição musical como o salto das tradições populares para o primeiro plano da cultura, embaralhando irremediavelmente a distinção convencional entre o popular e o erudito. Pelo seu amplo alcance social e sua capacidade extraordinária para ultrapassar fronteiras, fossem culturais, religiosas ou sociais, a música popular, tal como canalizada pelos novos meios de comunicação, se tornou desde cedo uma espécie de língua franca e termômetro emocional das grandes cidades.

Num primeiro momento, a indústria fonográfica se voltou quase exclusivamente para a música erudita, como que para compensar a sua novidade, mal conhecida e mal compreendida, com o prestígio da alta cultura, representada pelo repertório sinfônico e operístico. Como o equipamento era originalmente muito caro, só as camadas privilegiadas podiam adquiri-lo, o que contribuiu para esse consórcio entre a indústria e as elites. Mas ele não durou muito. A rápida evolução da tecnologia, sobretudo com o surgimento dos toca-discos movidos a eletricidade após a Primeira Guerra, aumentou a sua popularidade, ao mesmo tempo em que o incremento dos sistemas de amplificação permitia usá-los em grandes ambientes, auditórios e salões de baile.

É nesse contexto, e em particular no dinâmico mercado norte-americano, que começam a preponderar os repertórios populares, com grande destaque para as músicas originadas nas comunidades negras e, dentre elas, especialmente o jazz. Por que as coisas tomaram esse rumo? Porque a música erudita se organiza sobretudo em função da estrutura harmônica e da linha melódica, ao passo que a popular, e a de origem negra mais que qualquer outra, se apoia numa

7. "O BAILE DA RUA BLOMET", DESENHO DE GEORGES SEM, 1923.

O BAILE NEGRO, UM DOS CABARÉS DA RUA BLOMET, EM MONTPARNASSE, ESTAVA SEMPRE LOTADO. MULHERES ELEGANTES DESCIAM DE CARROS DA MODA PARA DANÇAR COM JOVENS BONITOS ORIGINÁRIOS DAS COLÔNIAS FRANCESAS DO CARIBE E DA ÁFRICA, NO BAIRRO QUE FICOU CONHECIDO COMO O HARLEM DE PARIS.

sofisticada variedade rítmica. Era esse elemento rítmico, sincopado, com seu irresistível apelo pulsional, que sintonizava por um lado com as cadências mecânicas das cidades industriais e por outro com a intensidade emocional da vida moderna, pronta para dissipar suas energias concentradas em passos enérgicos de danças alucinadas.

O escritor norte-americano Scott Fitzgerald, que batizou os anos 20 com o nome de "Era do Jazz", descreveu como transcorreu a ascensão dos ritmos negros de uma condição clandestina, rejeitada, amaldiçoada até, para o centro da vida cultural.

> A palavra jazz, no seu progresso para a respeitabilidade, primeiro significou sexo, depois dança, depois música. Ela está associada a um estado de estimulação nervosa, não diferente daquele das grandes cidades por trás das linhas de guerra.[6]

Aos ritmos negros logo vieram se juntar os latinos, numa evolução semelhante, da abjeção à respeitabilidade, fundindo suas raízes negras com múltiplas influências ibéricas, árabes, ciga-

CAPÍTULO III **Meio ambiente, corpos e comunidades** 113

nas, mediterrâneas e do norte da Europa. Assim, se na chave erudita o evento que implodiu a tradição musical e coreográfica foi a *Sagração da primavera*, evocando rituais pagãos da Rússia pré-cristã, também na música popular foi essa inspiração básica das religiões e culturas africanas que mudou completamente a cena cultural em escala mundial.

Essa revolução centrada na música continuou após a Segunda Guerra. O ano-chave foi 1956. Durante a exibição dos filmes *Blackboard Jungle* e *Rock Around the Clock*, jovens representando os grupos marginalizados e excluídos em meio à onda de prosperidade que arrebatava os Estados Unidos se punham a dançar sobre as poltronas até arrebentar os cinemas. Estavam respondendo aos apelos rítmicos de músicos negros como Chuck Berry, Bo Didley e Little Richard. Ou a vozes que emergiam das cidades empobrecidas do sul, identificadas pelo convívio com comunidades negras, como Elvis Presley, Gene Vincent e Eddie Cochran. Poetas boêmios com nomes esquisitos de imigrantes não integrados na sociedade americana — Kerouac, Corso, Ferlinghetti, Ginsberg — tomavam de assalto a recém-construída Rota 66, ligando o país de costa a costa, e procuravam nos aldeamentos indígenas e nos guetos negros a verdadeira América.

Nos teatros da Broadway, em Nova York, o coreógrafo Jerome Robbins estreava o bombástico *West Side Story*, unindo a crítica anarquista dos Balés Russos às músicas e danças dos bairros negros e latinos. Era a fusão da arte moderna com a chamada "dança suja" e o "canto indecente". Para os jovens, era a insurreição contra a hipocrisia, a desigualdade e a estupidez. Para os guardiães da ordem, era o paganismo, a delinquência e as trevas. Elvis foi queimado em efígie por todo o território, discos foram espatifados nas lojas; negros, latinos e imigrantes foram atacados, ameaçados e intimidados por associações racistas e intolerantes.

A resposta veio na forma do movimento pelos direitos civis. As comunidades negras se insurgiram por todo o país, sob a inspira-

8. Em setembro de 1957, a cidade de Little Rock, no Arkansas, ficou mundialmente famosa: o presidente Eisenhower teve de enviar o exército para enfrentar as autoridades e a população locais e fazer cumprir a lei que extinguia a segregação racial nas escolas. Os estudantes negros entraram nas classes escoltados por militares, e as tropas ocuparam a cidade até o final do semestre para reprimir hostilidades.

ção de líderes como Martin Luther King, Stokely Carmichael e Malcom X. A luta contra todas as formas de discriminação racial se desdobrou no grande movimento de resistência contra a Guerra do Vietnã. Esse motim crescente alcançou um pico em 1968, com a irrupção da revolta estudantil, o surgimento da *freak generation* e da contracultura, consumando-se num espasmo com o gesto punk de 1976. Durante todo esse percurso a música funcionou como o elemento aglutinador e animador do confronto político e cultural, e era sempre música de raízes negras.

Sonic boom *e tecnopaganismo*

A partir de meados dos anos 70 a cena mundial é reconfigurada, como já vimos, pelos processos de desregulamentação dos mer-

cados, liberação dos fluxos financeiros, reformulação das empresas em âmbitos de atuação transnacional e a grande transformação tecnológica impulsionada pela microeletrônica. Em paralelo, a retirada dos Estados Unidos do Vietnã, sua reaproximação com a China e a política de distensão com relação à União Soviética contribuíram para o arrefecimento da Guerra Fria, difundindo um clima geral de despolitização. A prioridade no confronto entre as potências passou para a corrida tecnológica, campo em que os Estados Unidos manifestavam esmagadora superioridade, fosse na esfera militar ou na produção e consumo de bens, produtos e serviços.

O impacto dessa nova conjuntura sobre a cultura foi enorme. Mencionemos apenas um exemplo, para ficar nesse mesmo âmbito da música popular. O eixo Detroit-Chicago concentrou um grande parque industrial, relacionado principalmente com a indústria automotiva. Por essa razão, foi ao longo do século XX uma fonte constante de demanda de mão de

9. A MARCHA DE 300 MIL PESSOAS FOI A MAIOR REGISTRADA NOS ESTADOS UNIDOS ATÉ AQUELE MÊS DE ABRIL DE 1971.

MÃES E VIÚVAS DE SOLDADOS ACOMPANHARAM OS 3 MIL VETERANOS DO VIETNÃ NA SUA DETERMINAÇÃO DE ATIRAR SUAS MEDALHAS DE GUERRA EM DIREÇÃO AO CAPITÓLIO. EM 1967, A ASSOCIAÇÃO VIETNAN VETERANS AGAINST THE WAR, PROMOTORA DA MANIFESTAÇÃO, ERA CONSTITUÍDA DE APENAS SEIS SÓCIOS-FUNDADORES, MUTILADOS NA GUERRA.

10. A ERA DE AQUÁRIO.

"MORTOS DA SEMANA", PAINEL DE FOTOS DE SOLDADOS AMERICANOS NO VIETNÃ, EXPOSTO NO FESTIVAL DE MONTEREY, NA CALIFÓRNIA, EM JUNHO DE 1967. O SUCESSO DO FESTIVAL, ONDE SE APRESENTARAM ESTRELAS COMO JIMI HENDRIX, OTIS REDDING, RAVI SHANKAR E JANIS JOPLIN, FOI MARCADO PELA HARMONIA. DOIS ANOS DEPOIS, EM WOODSTOCK, NO ESTADO DE NOVA YORK, OUTRO FESTIVAL REPETIRIA A PROEZA EM ESCALA MUITO MAIOR, SE TORNANDO O SÍMBOLO DA CONTRACULTURA AMERICANA DOS ANOS 60.

116 CAPÍTULO III Meio ambiente, corpos e comunidades

obra, atraindo grandes contingentes da população empobrecida do sul, em especial negros. Nenhuma surpresa, portanto, que essas duas cidades tenham se tornado importantes centros de produção musical relacionados ao jazz e ao blues, mas também ao soul e ao funk. O processo de globalização — com a liberação das barreiras alfandegárias — e o avanço das fábricas japonesas ligado à robotização provocaram um acentuado declínio das indústrias da região. Diante da força dos sindicatos locais, no seu esforço para sobreviver essas empresas adotaram táticas gerenciais de reengenharia, enxugamento e incremento tecnológico, as quais resultaram em amplo desemprego, afetando particularmente as comunidades negras.

A depressão do poder de consumo prejudicou enormemente os pequenos estúdios, base da grande criatividade musical da região. Sem chance de obter emprego nas indústrias automobilísticas ou de fazer carreira por intermédio de algumas das gravadoras e clubes locais, os jovens foram as maiores vítimas da decadência industrial. Em bairros degradados, sem estímulos para a educação ou equipamentos e atividades de lazer, se tornaram uma fonte de tensão crescente nas cidades. Até o ponto em que, no fundo do poço, encontraram na sua própria tragédia os recursos para reformular a cena.

Com a transição da tecnologia de recursos analógicos para digitais, entre o fim dos anos 70 e o início dos 80 houve uma substituição rápida e sistemática de toca-discos e LPs por leitores digitais e CDs. Dispondo dos novos equipamentos, as pessoas mais abastadas simplesmente punham nas ruas os aparelhos "sucateados" e seus discos "velhos". Pois os jovens desempregados passaram a recolher essa "tralha" e a reconfigurar seu uso. De equipamentos destinados a reproduzir sons previamente gravados, eles os transformaram em instrumentos capazes de gerar sonoridades novas e originais.

Manipulando habilmente os discos sobre os pratos de dois tocadores paralelos ou acoplados, criavam efeitos de arranhamento

(*scratching*), de alteração da rotação (*phasing*) ou de ecos entre os dois pratos (*needle rocking*), que, devidamente combinados, ritmados e contrapostos, se tornaram a base do rap e do hip-hop, a nova forma musical que num curto espaço de tempo tomou o planeta de assalto. A linha musical é dada pela fala cadenciada e sincopada, ao estilo dos poemas cantados da música jamaicana. Os versos falam dos dramas, emoções e expectativas desses jovens sobreviventes das ruas, largados ao próprio destino em sociedades que perderam a coesão, o sentimento de solidariedade e de apoio aos seus membros mais vulneráveis.[7]

Outros recursos que a transformação tecnológica pôs em disponibilidade e que se tornaram decisivos nessa revolução musical foram os sintetizadores (os *samplers*), os painéis de operação de som (*engineering boards*) e as percussões eletrônicas (*drum machines*). In-

11. Message from Beat Street.

Disc-jóqueis fazem arte em um playground no Bronx, em Nova York, no início da década de 1980. A criação de algumas das técnicas utilizadas pelos DJs é atribuída a Grandmaster Flash, nome artístico de Joseph Saddler, cujo clássico "The Message" expõe tanto a degradação das condições sociais quanto a perversidade da "Reaganomics" (a política econômica de Reagan).

ventados em 1955, os sintetizadores foram sendo rapidamente aperfeiçoados, ensejando modelos mais versáteis no uso, mais ricos de recursos e, sobretudo, mais baratos. Nos anos 70 a acoplagem de microprocessadores os tornou programáveis. Mas o grande salto qualitativo veio com o desenvolvimento dos *digital sampling*, permitindo copiar qualquer som, reproduzi-lo, modificá-lo, alterar a frequência, fragmentar, editar, repetir, colar, encadear, fechar num ciclo repetitivo contínuo e assim por diante. Os painéis de operação permitem conectar entre si diferentes fontes de *samplers*, recombinando aquelas possibilidades nas mais mirabolantes direções. A isso se acrescentem os recursos de percussão eletrônica, e eis que uma única pessoa pode gerar toda uma orquestra de sons, para além de quaisquer limites conhecidos. Os recursos são tantos que só estamos no início das suas possibilidades de exploração.

Essa nova constelação rítmico-tecnológica projetou um perfil inédito de artista musical que é o DJ, a criatura que opera essa mágica ao vivo, para êxtase do público dançante. Essa aventura musical, que se originou tecnicamente na Europa do Norte, na Alemanha em particular, ganhou a sua mais complexa estruturação rítmica, é claro, no circuito Detroit-Chicago-Nova York. A orientação que os rappers vêm dando a ela está longe de significar qualquer mera celebração do malabarismo tecnológico. Ao contrário, ela referenda aquela mesma agenda da cultura negra, que expressa as fontes mais profundas da sua inspiração espiritual, marcadas pelas experiências excruciantes do colonialismo, do exílio, da escravidão, da segregação e da exclusão.

Nesse sentido, o estilo negro de usar esses recursos busca sempre os efeitos mais opacos, surpreendentes, imprevisíveis, bizarros. A ideia é operar nas áreas de distorção dos sons ampliados, usar as reverberações acidentais causadas pelo baixo puxado para o primeiro plano e tocado em volume explosivo, desmontar os padrões rítmicos e recompô-los sobrepostos num efeito caótico de cascata, provocar a contaminação ao acaso dos sons por meio dos diversos canais de gravação e inserir células pulsantes que detonem nexos estratégicos da memória musical. Daí a preferência pelo equipamento usado, reciclado, precário, em más condições de operação e defeituoso, evitando deliberadamente que o resultado seja claro, nítido, cristalino e oco, como seria típico da sofisticada engenharia high-tech. O objetivo dessa estratégia acústica subversiva é produzir o que a comunidade chama de *sonic boom*. Como diz o DJ Kurtis Blow, "é isso que nós como produtores de rap estamos pretendendo fazer [...] detonar os sistemas de som dos carros, detonar os das casas, das danceterias e dos *juke-boxes* [...]. Isso é que é a música africana".[8]

A matéria-prima básica nessa estratégia cultural do *sampling* é o *break beat*, aquela parte da música, especialmente em shows ao vivo, em que o vocalista interrompe a linha melódica e os instrumentistas assumem o comando, produzindo variações e improvisos sobre os temas básicos. É esse elemento de espontaneidade e inspiração criativa mágica que os DJs perscrutam nas coleções de LPs antigos até achar. Eles têm que ser necessariamente de antigas gravações de soul e funk dos anos 70.[9] O que significa que toda tecnologia é acionada para dar uma ressonância explosiva à memória musical da cultura negra. Como diz o crítico musical Greg Tate, "o sampleamento é um jeito de fazer com que todas as eras da música negra se concentrem num único chip".[10]

O teatro-dança e a revolta sensual

Esse percurso pela fascinante energia criativa que tem animado a produção musical nos indica uma das sendas mais inspiradas para o florescimento de uma nova sensibilidade, rica de memória, de densidade humana espiritual, do impulso de gozo da vida e do reconhecimento de nossa ligação, por meio da pulsação do corpo, com as ener-

12. Campeonato Internacional da Federação dos Turntablists, San Francisco, 1997.

"Um verdadeiro turntablist pode se apropriar de qualquer trecho de um vinil e criar algo completamente novo a partir daí. Às vezes acho que nós somos o único pessoal neste mundo que chega mesmo a mexer direto no som" (DJ Babu, que toca no Beat Junkies, de Los Angeles).

gias fundamentais da natureza. Há quem chame essa disposição de tecnopaganismo. O nome pouco importa, para quem entende e experimenta o sentimento. E essa comunidade parece crescer, animada por esse *sonic boom*, mas enfrenta todo tipo de dificuldades e contra-ataques. Por exemplo, os pequenos estúdios independentes, que sempre foram a base estratégica da criatividade musical, se encontram sob o assédio de corporações que crescem sem parar, em sucessivas megafusões. Recentemente, um dos mais radicais dentre eles, o Death Row Records, foi cercado simultaneamente pela voracidade da Time-Warner, Sony, MCA, Seagram e Matsushita.[11]

Mas as ressonâncias do *sonic boom* continuam repercutindo e atingem as mais diversas áreas da cultura, eletrizando-as com suas vibra-

CAPÍTULO III **Meio ambiente, corpos e comunidades** 121

ções extáticas. É o caso das artes cênicas, o teatro e a dança. Nesse campo o corpo funciona como uma metáfora viva para exprimir a condição de todo o organismo social, as tensões da cultura, as demandas da fantasia e do desejo. A música, o ritmo, as cadências que fazem os corações bater juntos, compassados, experimentando coletivamente as mesmas intensidades passionais, se chocam com uma ordenação que, embora global, favorece a fragmentação, o isolamento, o individualismo, o autismo e o consumo. Por isso, o mais importante grupo de pesquisa e reflexão sobre as artes cênicas na atualidade tem se reunido nos últimos anos na Amsterdam School for the Arts para tentar enfrentar sempre a mesma questão: "O corpo está desconectado?".

Eva Schmale, uma das mais destacadas participantes desse grupo, multiartista e diretora do centro de dança-teatro Leibleches Theater de Colônia, na Alemanha, respondeu assim à pergunta:

> O conhecimento que o corpo possui dos seus próprios processos biológicos raramente nos é acessível, e, uma vez que seja perdido, dificilmente poderá ser recuperado. Nossos modos de vida contemporâneos tornam cada vez mais difícil viver em conexão com o corpo. [...] É o corpo que pode nos atiçar na nossa suposta segurança, nos provocar e questionar; ele traz consigo um potencial de resistência, que é o que me interessa.
>
> Estando já desorientados — continua ela —, fiquemos também irritados e nos sintamos infectados, de modo que queiramos expelir de nós todos os sentimentos e valores suspeitos, na busca de outros que sejam autênticos. Já tendo sido feridos, podemos admitir nossa vulnerabilidade para ver aonde isso nos leva. Já tendo errado, podemos finalmente admitir o erro e a dúvida, assumindo-os como componentes integrais da vida. [...] Precisamos sintonizar com nossos sentidos. [...] É assim que posso exprimir melhor meus sentimentos e minhas preocupações intelectuais, compartilhando-

13. Eva Schmale em cena:

"Quando o corpo não está inibido pelo intelecto, quando lhe é permitido falar, então o pensamento pode novamente se conectar com o sentimento".

-os com os outros. Eu espero compartilhar uma rebelião sensível, uma revolta sensual [*sensual unrest*].

Esse impulso sedicioso, essa disposição subversiva é deflagrada pela dor, aflição e revolta de corpos que se sentem em desacordo, num mundo que perdeu sua conectividade com os outros seres, com a natureza, com os fluxos eróticos e com o gozo sensorial da vida. O artista Min Tanaka enfatiza esse mesmo ponto: "O mais importante é o fato de que nosso entendimento provém do sentimento. Precisamos fazer com que a mente volte para o corpo". É nessa direção e nesse espírito que o *sonic boom* converge para desencadear o *sensual unrest*. O que leva Eva Schmale a responder àquela pergunta inicial formulando uma outra:

> Os tempos sempre foram difíceis, mas a universalidade e a aparente inevitabilidade da nossa presente situação — por exemplo, no que se refere ao nosso impas-

CAPÍTULO III **Meio ambiente, corpos e comunidades** 123

se ecológico — dão à atualidade uma dimensão completamente nova. Estamos cercados e somos confrontados por um mundo ao qual não conseguimos mais dar expressão e que impõe a esquizofrenia, a nós e ao que está ao nosso redor. [...] Nossa humanidade é baseada na nossa consciência perceptiva. A questão é: que significação nós, como humanos, atribuímos à percepção sensorial, se ainda fazemos questão da nossa humanidade?[12]

Imagolatria: a engenharia do imaginário social

Questão deveras difícil, em especial se atentarmos para o que ocorre na área da percepção visual. Nesse campo, o efeito dominante parece ser uma avalanche de imagens que embaralha e ofusca nossos olhos, nos tornando antes vítimas que senhores do nosso olhar. Nas palavras do historiador Michel de Certeau: "Da televisão aos jornais, da publicidade a todo tipo de epifania mercantil, nossa sociedade se caracteriza por um crescimento canceroso da visão, medindo a tudo por sua capacidade de se mostrar ou de ser visto e transformando a comunicação num percurso visual".[13] Essa é a contrapartida da consolidação no nosso tempo daquilo que Guy Debord analisou como a sociedade do espetáculo. Um outro crítico expõe um diagnóstico ainda mais complexo desse câncer da visão.

A experiência humana está mais submetida hoje aos estímulos visuais e aos processos de visualização do que jamais esteve, das imagens transmitidas via satélite ao escaneamento das minúcias interiores do corpo humano. Na era das telas e visores, o seu ponto de vista é crucial. Para a maioria das pessoas nos Estados Unidos, a vida é mediada pela televisão e, em escala menor, pelo cinema. O americano médio de dezoito anos assiste apenas a oito filmes por ano, mas vê pelo menos quatro horas de TV por dia. Essas formas de

124 CAPÍTULO III Meio ambiente, corpos e comunidades

comunicação estão agora sendo ameaçadas pelos meios visuais interativos, como a Internet e os recursos de realidade virtual. Vinte e três milhões de americanos estavam conectados com a rede em 1998, com as adesões crescendo a cada dia. Em meio a esse turbilhão de imagens, ver significa muito mais que acreditar. As imagens não são mais uma parte da vida cotidiana, elas são a vida cotidiana.[14]

Não apenas consumimos imagens em massa todos os dias, mas também ajudamos a multiplicá-las. Involuntariamente, fornecendo nossas feições e nossos corpos para a infinidade de equipamentos de segurança que se multiplicam por toda parte, por lojas, repartições públicas, bancos, supermercados, shopping centers, ruas, avenidas, viadutos, praças, aeroportos, salas de espetáculos etc. Ou voluntariamente, registrando tudo o que for possível com máquinas fotográficas, filmadoras, câmeras digitais e cabines de fotos automáticas. Mas o pior de tudo, de longe, é a publicidade. Segundo o especialista Leslie Savan:

> Estudos estimam que, contando logotipos, rótulos e anúncios, cerca de 16 mil imagens comerciais se imprimem na consciência de uma pessoa por dia. A publicidade hoje infesta todo e qualquer órgão da sociedade. Onde quer que a propaganda ponha um pé, ela aos poucos vai ingerindo tudo, como um vampiro ou um vírus [...].[15]

Câncer, turbilhão, vampiros, vírus — a maneira como os críticos se referem à invasão das imagens não deixa dúvidas sobre seu estado de alarme total. Como chegamos a esse estado? Como sempre, a fonte está nos potenciais desencadeados pela Revolução Científico-Tecnológica da virada do século XIX para o XX. Foi nesse contexto que surgiram a fotografia, o cinema, as rotativas elétricas, os cromofotolinotipos, possibilitando a publicação de imagens em cores; as câmeras se tornaram cada vez mais simples, pequenas e leves, os fil-

CAPÍTULO III **Meio ambiente, corpos e comunidades** 125

mes viraram falados e coloridos e, grande clímax, surgiram as televisões, em cores, via cabo, satélite e on-line. Mas claro que não foi a tecnologia que impulsionou o turbilhão das imagens; antes o contrário. Tal é seu potencial de capturar os sentidos, o desejo e a atenção dos seres humanos, que logo os estrategistas as elegeram como o meio ideal para difundir ideias, comportamentos e mercadorias, pressionando por novas e melhores técnicas para reproduzi-las.

Em princípio não há nada de errado com essa multiplicação exacerbada de imagens. Ao contrário, como as possibilidades de produzi-las sempre foram um privilégio das elites e como a cultura dominante sempre as manteve restritas a rigorosos códigos de representação (a perspectiva linear e o realismo, por exemplo) ou submetidas a rígidas classificações temáticas, estilísticas e técnicas, as possibilidades de sua multiplicação introduziram componentes democráticos, emancipadores e experimentais. Daí a extraordinária riqueza estética, política e cognitiva das experiências visuais do cubismo, do surrealismo e em particular do cinema europeu dos anos 20. Mas tudo isso, como vimos, foi abafado e abortado com o clima intolerante do período entreguerras, em que os novos potenciais da comunicação visual foram apropriados pelos regimes autoritários, populistas e totalitários.

Após a Segunda Guerra, a TV se torna o centro da vida cultural, com algumas poucas redes controlando os mercados nacionais e, nesse sentido, operando como grandes máquinas de engenharia do imaginário coletivo, por meio das quais se massificavam simultaneamente os valores da Guerra Fria e do consumo. O enorme potencial para a informação, o esclarecimento e a ação transformadora que existe latente nesse estratégico veículo de comunicação raras vezes se manifesta, em meio aos rígidos mecanismos políticos e mercadológicos que o controlam.

Foi assim, por exemplo, quando os correspondentes de guerra começaram a mostrar a carnificina no Vietnã, em dissonância com a

126 CAPÍTULO III **Meio ambiente, corpos e comunidades**

propaganda oficial, o que acabou desmoralizando o governo e o exército, retirando os Estados Unidos da guerra. Foi assim também com a TV interagindo com os movimentos de solidariedade mundial que promoveram um ataque sistemático e fatal ao apartheid na África do Sul. E foi assim também com a reação em cadeia que as transmissões de TV causaram, acelerando o colapso final dos regimes comunistas no Leste europeu. Mas são absolutas exceções. O destino da TV — pelo modo como seu desenvolvimento histórico a encalacrou entre o poder estatal e as grandes corporações de mídia — é estar acorrentada ao entretenimento superficial, ao sensacionalismo de baixo instinto, ao festival aliciante do consumo e à mais mesquinha manipulação política. Basta como exemplo mencionar a fraude obscena que transformou as guerras do Golfo e da Iugoslávia em espetáculos virtuais lúdicos.[16]

A introdução dos canais de TV a cabo e por satélite devem muito ao alto incentivo dos governos conservadores, que desde meados dos anos 70 vislumbraram nesses novos recursos a possibilidade de retirar o poder de um pequeno grupo de programadores que controlavam as cadeias nacionais e que, segundo lhes parecia, eram por demais condescendentes com atitudes e valores provenientes da rebelião cultural e política de 68. Seu plano era multiplicar as opções, enfraquecendo as grandes redes nacionais e concedendo generosas fatias às comunidades locais, grupos religiosos, novos interesses empresariais e organizações conservadoras, ainda que travestidas do look neoliberal. Não atingiu seu principal objetivo — o de estabelecer um novo consenso conservador —, mas este certamente se tornou decisivo para consolidar o destino comercial da televisão.[17]

O declínio das cidades e a espetacular ascensão dos museus

O impacto dessas grandes mudanças tecnológicas sobre as artes plásticas trouxe igualmente notáveis mudanças. A criação de

CAPÍTULO III **Meio ambiente, corpos e comunidades** 127

um circuito cultural privilegiado, em termos de educação, informação e poder de consumo, conectado a uma rede virtual, trouxe duas consequências básicas. Em primeiro lugar, dotou o próprio processo de comunicação de uma nova densidade cognitiva, na medida em que criou uma equação segundo a qual quanto maiores e melhores conhecimentos se tiver sobre esses recursos comunicativos, mais e melhores informações poderão ser obtidas por meio deles. E, em segundo lugar, aglutinou, graças ao alcance planetário desses novos recursos, públicos potenciais estimados na escala dos milhões ou das dezenas de milhões. O resultado foi que as artes plásticas, que já viviam uma situação de desmaterialização dos suportes, passaram a depender de forma crescente de agenciamento por esses novos canais comunicativos. Ao mesmo tempo que acarreta a diminuição de sua dimensão material e sensorial (na medida em que tende a dispensar o contato entre o público e as obras), isso enfraquece tanto o impacto da sua recepção quanto a singularidade da sua produção.

O paradoxo perturbador é que, em paralelo a essa tendência ao obscurecimento ou diluição da arte, do artista e das condições concretas que assinalaram a criação, ocorre uma dilatação, na mesma escala, do prestígio dos museus e galerias, das grandes exposições e dos curadores. É como se os valores da montagem, da exposição e da promoção prevalecessem sobre os da imaginação, da criação e da expressão artística. Como no mercado, a vitrine, a embalagem e a grife se tornam a chave de um ato que se caracteriza mais como de consumo do que de invenção cultural, desafio dos valores estabelecidos ou pesquisa das fronteiras do imaginário, tal como se definia a arte — como a pedra angular da cultura. Uma vez mais foi Guy Debord, com seu implacável tom profético, quem prefigurou esse desdobramento da sociedade do espetáculo:

128 CAPÍTULO III **Meio ambiente, corpos e comunidades**

> O conhecimento histórico e o levantamento de todas as manifestações artísticas do passado, junto com sua promoção retrospectiva à condição de artes de todo o mundo (world art), servem para lhes dar um peso relativo dentro de um contexto de desordem global [...]. O próprio fato de que esses "resgates" da história da arte tenham se tornado possíveis indica o fim do mundo da arte. Só nessa era dos museus, quando já nenhuma comunicação artística permanece possível, é que todo e qualquer momento anterior da arte pode ser aceito — e aceito como sendo de igual valor —, pois nenhum deles agora, em vista do desaparecimento dos pré-requisitos da comunicação em geral, estará sujeito ao desaparecimento da sua capacidade particular de se comunicar.[18]

De modo que, em meio a um processo de decadência e colapso das cidades, resultado de seu abandono deliberado pelos beneficiários do novo arranjo global e das novas tecnologias informatizadas, procura-se promover a ideia de sua refundação, não mais em bases históricas, democráticas e participativas, mas a partir de marcos dos novos tempos, representados por grandes museus de arquitetura mirabolante e megacentros culturais. Em geral, esses projetos têm em vista um público que não é o local, empobrecido, mas visitantes prósperos de outras partes do país e do mundo. É a reciclagem das cidades, esvaziadas de sua vida local e reduzidas a estereótipos destinados ao consumo de multidões turísticas cosmopolitas, atraídas pelo marketing do refinado ou do exótico e confiantes na legitimidade que a posse de moedas fortes atribui aos seus juízos culturais, à sua ansiedade por entretenimento e ao seu poder de compra.

Enquanto dentro dos museus e centros culturais se cultua um passado sacralizado ou um presente embalado no cristal líquido da novidade, ao redor os serviços públicos fenecem, as possibilidades de promoção social se apagam, o espaço urbano se degrada, os empregos evaporam e as comunidades se dilaceram, flageladas pelo desemprego, pelas drogas e pela criminalidade. Nesses termos, a própria cultura virou uma droga, o ópio dos privilegiados. Numa tal extensão que ela atualmente intoxica a tudo. Foi com relação a esse aspecto contaminante e alienador que o filósofo Frederic Jameson alertou: "Hoje no mundo tudo é mediado pela cultura, até o ponto em que mesmo os níveis político e ideológico devem ser desemaranhados de seu modo primário de representação, que é cultural". Nessa linha, ele conclui que "tudo na sociedade de consumo assumiu uma dimensão estética".[19]

14. "Quando ouço a palavra cultura, eu saco o meu talão de cheques", 1985.

O dito, parodiando o lema notório de um oficial da Gestapo, foi reformulado pela artista norte-americana Barbara Kruger, e atualiza o sentido daquela frase histórica que, no período nazista, concluía com "eu saco o meu revólver".

A ética e a estética das ruas do século XXI

Foi para confrontar essa apropriação da cultura pelas elites dominantes, pela política e pelo mercado que grupos autonomistas de várias partes do mundo decidiram criar uma antiestética das ruas. A ideia era repor no centro da cena tudo o que estava sendo excluído dela, a natureza, as cidades, as comunidades, as

130 CAPÍTULO III **Meio ambiente, corpos e comunidades**

ruas, os corpos, a comunhão pela festa franca e aberta, dançada sob o azul do céu. A inspiração vinha de Guy Debord e dos situacionistas, a força da imaginação que engendrou a grande rebelião libertária de 68. O primeiro grupo a ganhar notoriedade e tornar-se uma referência para os demais foi o Regain the Streets, com sede em Londres.

O próprio nome já indica qual é o seu projeto: a retomada e requalificação do espaço público, por gente simples e anônima, com o objetivo de revitalizar os laços comunitários e refundar a democracia com base na participação de todos, pelo bem comum. O grupo, que começou a atuar em 1995, se identifica com toda a longa história do protesto popular na Inglaterra, desde os camponeses que lutaram contra o cercamento dos campos comuns em fins da Idade Média, os niveladores que queriam transformar a Revolução Puritana num movimento de redistribuição da propriedade, até os operários industriais, cujas lutas contínuas forçaram a adoção do Estado de bem-estar social. A diferença está no seu tempo, no seu estilo e na sua plataforma.

Em vez dos canais convencionais, contaminados pelo conservadorismo do "pensamento único", que praticamente neutralizou o debate político, a tática do grupo é agir nas ruas, criando autênticos carnavais e teatros de rua que paralisem os fluxos e rotinas do "mercado" a que as cidades se viram reduzidas. Fantasiados e mascarados como personagens populares e folclóricos, eles chegam de transporte público, a pé e de bicicleta, bloqueiam avenidas, vias expressas, rodovias ou a entrada de instituições econômicas e políticas, criam barreiras com fardos de feno e, ato contínuo, se põem a cobrir o asfalto ou cimento com camadas de terra, grama ou areia, plantando hortas, jardins, cardos, buchos e árvores. Erguem "mastros de maio" enfeitados de flores, guirlandas e fitas coloridas (o símbolo tradicional da festa da primavera), ao redor dos quais se põem a dançar quadrilhas com as crianças. Criam esculturas com repolhos, pepinos, abóboras, cenouras e massa de argila, ou "decoram e incrementam" os monumentos que já existem. Ao fundo, grandes caixas de som e os indefectíveis toca-discos de dois pratos, onde os DJs se revezam, atraindo a população local para uma grande folia a céu aberto. E eis o *sonic boom* e o *sensual unrest* comandando a subversão do século XXI.[20]

No início o objetivo era impedir a derrubada de bosques e florestas para a construção de mais rodovias, para dar mais espaço aos carros e ao transporte privado. A seguir foi a defesa de rios e lagos, depois o esforço de chamar atenção para a degradação das cidades, dos bairros populares, para as comunidades desassistidas, para as populações de rua, para as massas de desempregados. O passo seguinte foi a denúncia da exploração das populações nos países subdesenvolvidos, o esbulho das "dívidas externas", o garrote das políticas "desenvolvimentistas" do FMI, do BM e da OMC, a pauperização e depredação do meio ambiente em escala mundial promovida pela globalização. Por meio das conexões pela Internet a conspiração adquiriu amplitude planetária e alcançou enorme impacto nos confrontos de Seattle, Washington, Toronto e Praga, em que se tornaram marcos históricos.

Quem diria que no novo século o front político retornaria para as ruas, tal como nas pólis da Grécia antiga? Quem diria que alguém fosse aprontar uma festa tão grande, que fizesse parar até a montanha-russa, para que as pessoas pudessem participar dela? E, se esse é o front da grande batalha ética pela definição dos valores que devem orientar o futuro de nossa espécie e deste planeta, provavelmente ninguém os formulou de forma mais simples, concisa e nítida do que o artista plástico alemão Joseph Beuys, e numa única frase:

> **A dignidade das pessoas, dos animais, de toda a natureza, deve uma vez mais retornar para o centro da experiência.**

Que assim seja. E assim será, se nós o quisermos.

Primavera de 2000

15. "Tocantins", 1993.

Filhotes de fêmeas caçadas por índios Guajás são adotados pela tribo. Além de receber amparo na infância, têm reconhecido o direito de viver integralmente sua vida, sem que voltem a ser molestados por aquele agrupamento humano.

NOTAS

I. Aceleração tecnológica, mudanças econômicas e desequilíbrios (pp. 23-58)

(1) Essa fase e todo o novo contexto estabelecido pela Revolução Científico--Tecnológica estão bem caracterizados e analisados no volume anterior desta coleção (Angela Marques da Costa e Lilia Moritz Schwarcz, 1890-1914 — *No tempo das certezas*, Coleção Virando Séculos, São Paulo, Companhia das Letras, 2000, pp. 15-22. Há também uma oportuna tabela de invenções e descobrimentos do período entre 1816 e 1914, às pp. 159-60.

(2) Robert Weimann, "Value, Representation and the Discourse of Modernization: toward a Political Economy of Postindustrial Culture", in David Palumbo-Liu & Hans Ulrich Gumbrecht, *Streams of Cultural Capital*, Stanford, Stanford University Press, 1997, pp. 224-5.

(3) Paul Kennedy, *Preparing for the Twenty-First Century*, Londres, Harper Collins, 1993, pp. 47-64.

(4) K. Ohmae, *The Borderless World: Management Lessons in the New Logic of the Global Marketplace, Power and Strategy in the Interlinked Economy*, Nova York/Londres, Harperbusiness, 1990, passim.

(5) Ulrich Beck, *What Is Globalization?*, Cambridge, Polity Press, 2000, pp. 4-8. Nicolau Sevcenko, "Upgrading Estado e Sociedade", in Carta Capital, 18 de março de 2000, pp. 26-9.

(6) Entrevista com André Gorz, *Frankfurter Allgemeine*, 1º de agosto de 1997, p. 35, apud U. Beck, op. cit., pp. 5-6.

(7) N. Sevcenko, "O professor como corretor", *Folha de S.Paulo*, Mais!, 4 de junho de 2000, pp. 6-7.

(8) Stewart Brand, *The Clock of the Long Now*, Londres, Weindenfeld & Nicolson, 1999, pp. 12-7.

134 NOTAS

(9) Victoria Brittain e Larry Elliot, "Rich Live Longer, Poor Die Younger in Divided World", *The Guardian Weekly*, Londres, 6 a 12 de julho de 2000, p. 3. Larry Elliot, "Making Globalisation Work for World's Poor", *The Guardian Weekly*, Londres, 29 de junho a 5 de julho de 2000, p. 14.

(10) V. Brittain e L. Elliot, op. cit.

(11) Hans Jonas, *The Imperative of Responsibility: in Search of an Ethics for the Technological Age*, Chicago/Londres, Chicago University Press, 1984.

(12) *Folha de S.Paulo*, 12 de julho de 2000, p. A13.

(13) Allan Kennedy, *The End of Shareholder Value*, Nova York, Orion, 2000.

(14) Gregory Pallast, "IMF's Shock Cures are Killing off the Patients", *The Guardian Weekly*, Londres, 12 a 18 de outubro de 2000, p. 14.

(15) Marcio Aith, "AL fica mais longe de países ricos", *Folha de S.Paulo*, Caderno Dinheiro, São Paulo, 8 de maio de 2000, p. 1.

(16) "Miséria endêmica" (editorial). *Folha de S.Paulo*, 2 de maio de 2000, p. 2; Clóvis Rossi, "Fracassou", ibidem.

(17) Ulrich Beck, *What Is Globalization?*, op. cit., passim.

(18) V. Brittain e L. Elliot, op. cit.

(19) John Kenneth Galbraith, "Penalize the Bankers, not the Workers", in *Predictions*, editado por Sian Griffiths, Oxford, Oxford University Press, 1999.

(20) V. Brittain e L. Elliot, op. cit.

II. Máquinas, massas, percepções e mentes (pp. 59-93)

(1) Citado por Penny Sparke, *An Introduction to Design & Culture in the Twentieth Century*, Londres, Allen & Unwin, 1986, p. 19.

(2) N. Sevcenko, *Orfeu extático na Metrópole — São Paulo, sociedade e cultura nos frementes anos 20*, 2ª edição, São Paulo, Companhia das Letras, 2000 [1ª ed. 1992], pp. 189-99.

(3) Citado por Neal Gabler, *Vida, o filme — Como o entretenimento conquistou a realidade*, São Paulo, Companhia das Letras, 1998, p. 59.

(4) Marshall McLuhan, *A galáxia de Gutenberg*, 2ª ed., São Paulo, Companhia Editora Nacional, 1977.

(5) Citado por N. Sevcenko, "McLuhan assombra o Rei", *Folha de S.Paulo*, Mais!, 23 de fevereiro de 1997, p. 6.

(6) Guy Debord, *The Society of the Spectacle*, Nova York, Zone Books, 1995, p.13.

(7) Neal Gabler. *Vida, o filme*, op. cit., pp. 229-30.

(8) Guy Debord, op. cit., p. 18.

(9) John Keegan, "The Pink Panzer", in *The Times Literary Supplement*, Londres, 6 de outubro de 2000, p. 11.

(10) Sobre a pop art e seus desdobramentos, ver Robert Hughes, *The Shock of the New: Art and the Century of Change*, Londres, Thames and Hudson, 1991, pp. 325-425.

(11) A Nasdaq (sigla em inglês de Quotações Automatizadas da Associação Nacional de Corretores de Apólices) foi criada em 1971 para atuar como uma bolsa eletrônica, congregando as operações com ações das empresas de alta tecnologia. Desde 1992 ela foi associada à Bolsa Internacional de Valores de Londres, formando a primeira ligação intercontinental de mercados de ações.

(12) Brian Eno citado em Stewart Brand, *The Clock of the Long Now*, op. cit., p. 28.

(13) N. Sevcenko, "Os pombos de Tompkins Square", Carta Capital, 18 de setembro de 1996, p. 81. Em 1994, passando pelo local vislumbrei uma bandeira improvisada, feita de algum lençol velho e sujo pintado com letras garrafais, hasteada e tremulando no centro de Tompkins Square, exibindo a solene inscrição "Despejados de todo o mundo, uni-vos!". O autor da obra demonstrou uma notável consciência histórica, ao repropor os termos do *Manifesto comunista* de Marx e Engels de acordo com as novas circunstâncias. De fato, no mundo informatizado e globalizado, o limiar mais agudo da tensão social não é mais aquele que opõe trabalhadores e burgueses, mas aquele em que se confrontam os participantes do mercado e os excluídos de toda sorte.

III. Meio ambiente, corpos e comunidades (pp. 95-131)

(1) Anthony Giddens, "Why Sounding the Alarm on Chemical Contamination is not Necessarily Alarmist", *London Review of Books*, vol. 18, nº 17, 5 de setembro de 1996, p. 20.

(2) Idem, ibidem.

(3) Theo Colborn, Dianne Dumanoski e John Myers, *Our Stolen Future: Are We Threatening our Fertility, Intelligence and Survival? A Scientific Detective Story*, Londres, Little, Brown, 1996.

(4) Idem, ibidem.

(5) Katherine Barret, "NGOs Prescribe a Dose of Precaution", *The Guardian Weekly*, Londres, 8 a 14 de junho de 2000, p. 23.

(6) R. Lynes, *The Lively Audience, a Social History of the Visual and Performing Arts in America, 1890-1950*, Nova York, Harper and Row, 1985, p. 104.

(7) Sephen Lubar, *InfoCulture*, Boston/Nova York, Houghton Mifflin Co., 1993, pp. 190-3.

(8) Citado por Tricia Rose, "Give Me a (Break) Beat! Sampling and Repetition in Rap Production", in Gretchen Bender e Timothy Druckrey (ed.), *Cultures on the Brink: Ideologies of Technology*, Seattle, Bay Press, 1994, pp. 251-2. A expressão

sonic boom se refere ao estrondo e consequente onda de choques provocados quando um avião ultrapassa a barreira do som.

(9) Tricia Rose, op. cit., pp. 249-64.

(10) Citado por Kodwo Eshun, *More Brilliant than the Sun: Adventures in Sonic Fiction*, Londres, Quartet Books, 1998, p. 56.

(11) Richard Ohmann (ed.), *Making & Selling Culture*, Hanover/Londres, University Press of New England, 1996, p. 191 e nota 23.

(12) Eva Schmale, "Sensual Unrest", in Ric Allsopp & Scott deLahunta, *The Conected Body, an Interdisciplinary Approach to the Body and Performance*, Amsterdam School for the Arts, 1996, pp. 66-7.

(13) Michel de Certeau, *The Practice of Everyday Life*, Los Angeles, University of California Press, 1984, p. xxi; citado por David Michael Levin (ed.), *Modernity and the Hegemony of Vision*, Berkeley, University of California Press, 1993, p. 24. Tradução em português: Michel de Certeau, *A invenção do cotidiano, artes de fazer*, Petrópolis, Vozes, 1994, p. 48.

(14) Nicholas Mirzoeff, *An Introduction to Visual Culture*, Londres/Nova York, Routledge, 1999, p. 1.

(15) Leslie Savan, *The Sponsored Life, Ads, TV, and American Culture*, Temple, Temple University Press, 1994.

(16) José Arbex Jr., *Telenovejornalismo*, tese apresentada para o concurso de doutorado em história social do Departamento de História da FFLCH da Universidade de São Paulo em setembro de 2000.

(17) Michael Curtin, "On Edge, Culture Industries in the Neo-Network Era", in Richard Ohmann, *Making & Selling Culture*, op. cit., pp. 181-202.

(18) Guy Debord, *The Society of the Spectacle*, op. cit., p. 135.

(19) Frederic Jameson, *As marcas do visível*, Rio de Janeiro, Graal, 1995, pp. 9-35.

(20) Jay Griffiths, "Diary", *London Review of Books*, vol. 22, nº 12, 22 de junho de 2000, Londres, pp. 46-7.

Procedência das ilustrações

Introdução (pp. 11-22)

1. Filme *This is cinerama!*, 1952. Criação: Fred Waller. Direção: Merian C. Cooper, Michael Todd Jr., Fred Rickey e Waller Thompson. Fonte: *Variety, History of Show Business*, Hamlyn, 1993, pp. 102-3.

2. Cartaz de Folon. Designer: Ron Anderson/Tom McElligott.

3. Protesto durante o Congresso Mundial de Petróleo, junho de 2000. Foto: Newsmaker.

4. Thomas Theodor Heine, "Crisis", 1941. Copyright © 200 by VG Bild-Kunst, Bonn.

5. Leônidas, Copa do Mundo de 1938. Arquivo: A Gazeta Esportiva.

Capítulo I — Aceleração tecnológica, mudanças econômicas e desequilíbrios (pp. 23-58)

1. Central nuclear de Cruas-Meysse. Foto: Keystone.

2a e 2b. Pôsteres de John Steuart Curry. Acervo: National Museum of American History, Smithsonian Institute.

3. Propaganda do carro Oldsmobile. Acervo: Oldsmobile History Center, Lansing, Michigan.

4. Capa de *The Death of Money*. Joel Kurtzman, *The Death of Money*, Simon & Schuster, 1994. Capa de Corsillo/Manzone.

5. Estação Mabillon do metrô de Paris. Foto: P. Aventurier/Gamma. Fonte: Serge Berstein e Pierre Milza (orgs.), *Histoire — classe terminale — le monde actuel*, Paris, Hatier, 1989.

6. Desfile de mísseis soviéticos na Praça Vermelha, novembro de 1984. Foto: Keystone.

138 PROCEDÊNCIA DAS ILUSTRAÇÕES

7. Gráficos de Gordon Moore, 1965. Fonte: Stewart Brand, *The Clock of the Long Now, Time and Responsibility*, Londres, Weidenfeld & Nicolson, 1999, p. 13.

8. Gráfico de Tom McKendre, 1994. Fonte: Stewart Brand, *The Clock of the Long Now, Time and Responsibility*, Londres, Weidenfeld & Nicolson, 1999, p. 22.

9. Propaganda de software da Global Village Communication/Zoom Telephonics. Fonte: *Wired*, fev. 1994, p. 59.

10. Símbolo do Dia Internacional do Não Consumo. Cortesia de www.adbusters.org.

11. Manifestação do Dia Internacional do Não Consumo, 24 de novembro de 2000. Foto: Ryan Bagueros, IMC, San Francisco.

12. Mercadores de marfim em Zanzibar, C. 1880. Foto: Royal Commonwealth Society. Fonte: Thomas Pakenham, *The Scramble for Africa*, Londres, Abacus, 1998.

13. Cartaz cubano da Comisión de Orientación Revolucionaria de la Dirección Nacional de ORI. Fonte: *História do século 20, 1956-1975,* Abril Cultural, 1968, p. 2589.

Capítulo II — Máquinas, massas, percepções e mentes (pp. 59-93)

1. Propaganda da Electrical Development Association, 1927. Electrical Development Association, Electricity Council, Inglaterra.

2. Maquete de Wallace K. Harrison, 1939. Fonte: Rem Koolhaas, *Delirious New York*, Rotterdam/Nova York, 010 Publishers/The Monacelli Press, p. 282.

3. Filme *Tempos modernos*, Continental, 1936. Direção: Charles Chaplin. Foto: Regent Services S.A., 1936. Fonte: *One Hundred Years of Cinema*, Londres, Kingfisher, 1995, p. 11.

4. Christian Dior. Foto: Snowdon RCO55-1, 1997/Camera Press, Londres, 1997.

5. Propaganda da Fractal Design Corporation, 1993. Fonte: *Wired*, mar. 1994, p. 59.

6. Câmera fotográfica Purma Special, 1937. Design: Loewy. Arquivo: Cooper--Hewitt, National Design Museum, Smithsonian Institution/Art Resource, Nova York.

7. Geladeira Coldspot Super Six, C. 1934. Design: Loewy. Produção: Sears Roebuck & Co. Arquivo: Sears Roebuck.

8. Talheres para os aviões da Air France, C. 1978. Design: Loewy. Produção: Compagnie d'Ésthetique Industrielle. Arquivo: Cooper-Hewitt, National Design Museum, Smithsonian Institution/Art Resource, Nova York.

9. Cartaz do espetáculo *Le château de Mesmer*, 1894, de Méliès. Fonte: *The Last Machine*, Londres, BBC Education/British Film Institute, 1994, p. 118.

10. Filme Viagem à Lua, 1902. Direção: Méliès. Foto: Cinématheque Française, Paris. Fonte: Emmanuelle Toulet, *Birth of the Motion Picture*, Nova York/Londres, Harry N. Abrams/Thames & Hudson, p. 69.

PROCEDÊNCIA DAS ILUSTRAÇÕES 139

11. Georges Braque, *Sacré-Couer*, 1910. Fonte: Edward F. Fry, *Cubism*, Londres, Thames & Hudson, 1978, p. 96b.

12. Basílica de Sacré-Couer. Foto: Stone/Susanne e Nick Geary.

13A e 13B. Cartões-postais do Luna Park. Fonte: Rem Koolhaas, *Delirious New York*, Rotterdam/Nova York, 010 Publishers/The Monacelli Press, p. 40.

14. Parque de diversões no Lago Ontário. Fonte: Rem Koolhaas, *Delirious New York*, Rotterdam/Nova York, 010 Publishers/The Monacelli Press, p. 66.

15. Cartaz do filme *The Gang's All Here*, 20th Century Fox, 1942. Fonte: Cássio Emmanuel Barsante, *Carmem Miranda*, Rio de Janeiro, Europa, Empresa Gráfica e Editora, 1985, p. 103.

16. John Logie Baird, *Televisor*, 1926. Arquivo: Glasgow Museums/ The Museum of Transport. Fonte: *The Look of the Century*, Londres, Dorling Kindersley, 1996, p.58.

17. Bush TV12, 1949. Acervo: Robert Opie.

18. Plateia de cinema 3-D. Foto: Hulton-Deutsch Collection/Corbis.

19. Propaganda da TV Dinners. Fonte: Karal Ann Marling, *As seen on TV*, Harvard University Press, 1994, p. 234.

20. Manifestação contra a Guerra do Vietnã, 1971. Foto: Corbis.

21. Paris, maio de 68. Foto: Bettmann/Corbis.

22. Paris, maio de 68. Foto: J.-P. Rey/Gamma. Fonte: Pierre Vidal-Naquet (org.), *Il nuovo Atlante Storico Zanichelli*, Bolonha, Nicola Zanichelli, 1992, p. 313.

23. Praga, agosto de 68. Fonte: *História do século 20, 1956-1975*, Abril Cultural. 1968, pp. 2850-1.

24. Propaganda de Le Mazelle, 1968. Fonte: *100 anos de propaganda — anúncios publicitários de 1875 a 1980*, São Paulo, Abril Cultural, 1980, p. 144. Copyright © Abril Cultural.

25. Cartaz da exposição "Isto é amanhã", 1956. Colagem de Richard Hamilton. Fonte: Simon Wilson, *Pop*, Nova York, Barron's Educational Series, Woodbury, 1978, reprodução nº 31.

26. Eduardo Paolozzi, Sem título, 1949. Fonte: Margarita Garcia e Cristina Gatell, *Actual, historia del mundo contemporaneo*, Barcelona, Vicens Vives, 1998, p. 252.

27. Margaret Thatcher, 1989. Foto: Keystone.

Capítulo III — Meio ambiente, corpos e comunidades (pp. 95-131)

1A e 1B. Chaminés da cidade de Stoke-on-Trent. Foto: British Ceramic Research Ltd.

2. Montanha de rejeitos de ardósia no País de Gales. Foto: Dave Newbould.

3. Resíduo químico industrial na serra do Mar. Foto: Miguel Boyayan. Fonte: *Pesquisa*, Fapesp, mar. 2000, p. 41.

4. Dr. Arpad Pusztai. Foto: Martin Argles.

140 PROCEDÊNCIA DAS ILUSTRAÇÕES

5. Lewis Wickes Hine (1874-1940), *Powerhouse Mechanic*, cópia em papel fotográfico, 34,3 X 24 cm, 1925. Arquivo: Brooklyn Museum of Art. Cortesia do senhor e senhora Walter Rosenblum, 84.237.7.

6. Espetáculo *Sagração da primavera*. Fonte: *História do século 20, 1900-1914*, Abril Cultural, 1968, p. 383.

7. Georges Sem, *O baile da rua Blomet*, 1923. Copyright © 2001 by ADAGP/SBAT.

8. Manifestação em Arkansas, 1957. Fonte: *História do século 20, 1956-1975*, Abril Cultural, 1968, p. 2514.

9. Manifestação dos veteranos do Vietnã, 1971. Foto: Bernard Martell. Fonte: John Kerry e Vietnam Veterans Against the War, *The New Soldier*, Nova York/Londres, Collier Books/Collier-Macmillan, 1971, p. 140.

10. Painel "Mortos da semana", 1967. Foto: Jim Marshal e Baron Wolman. Fonte: JM, BW e Jerry Hopkins, *Festival! The Book of American Celebrations*, Nova York, The Macmillan Company, 1970, pp. 26-7.

11. Disc-jóqueis no Bronx, década de 1980. Foto: Cortesia de Henry Chalfant/City Lore. Fonte: Steve Lubar, *Infoculture, the Smithsonian Book of Information Age Inventions*, Boston/Nova York, Houghton Mifflin Company, 1993, p. 190.

12. Campeonato Internacional da Federação dos *Turntablists*, 1997. Foto: Heather Mcdonald. Fonte: *Option*, nov.-dez. 1997, Supersonic Media Inc., p. 56.

13. Eva Schmale. Fonte: *The Connected Body, an Interdisciplinary Approach to the Body and Performance*. Amsterdam School for the Arts, 1996, p. 69.

14. Barbara Kruger, *Sem título* [When I Heard the Word Culture I Take out my Checkbook], foto, 54,3 X 23,6 cm, 1985. Cortesia de Mary Boone Gallery, Nova York.

15. Índia amamentando. Foto: Pisco del Gaiso/Folha Imagem.

1ª EDIÇÃO [2001] 15 reimpressões

ESTA OBRA FOI COMPOSTA PELO ACQUA ESTÚDIO GRÁFICO
EM MYRIAD E IMPRESSA PELA GEOGRÁFICA EM OFSETE
SOBRE PAPEL PÓLEN BOLD DA SUZANO S.A.
PARA A EDITORA SCHWARCZ EM ABRIL DE 2023

A marca FSC® é a garantia de que a madeira utilizada na fabricação do papel deste livro provém de florestas que foram gerenciadas de maneira ambientalmente correta, socialmente justa e economicamente viável, além de outras fontes de origem controlada.